Linda Waniorek

Wenn mein Hund älter wird

Mit Fotos bekannter Tierfotografen
Zeichnungen: György Jankovics

TYPISCH ÄLTERER HUND

- im Umgang mit Menschen vertraut
- guter Familienhund
- gefestigter Charakter
- ruhig und besonnen
- etwas konservativ
- läßt sich auch jetzt noch erziehen
- nimmt Anteil am Leben
- braucht weniger Auslauf
- körperlich eventuell etwas eingeschränkt

In der Regel lebt ein älterer Hund schon über viele Jahre hinweg in der Familie. Großes Vertrauen und viele gemeinsame Erlebnisse verbinden den Hund und seine Menschen. Auch wenn Sie sich entschließen, einen älteren Hund neu in Ihrem Haushalt aufzunehmen, steht ebenfalls einer tiefen Freundschaft nichts im Wege. Allerdings sollten Sie in beiden Fällen wissen, daß ein Hund im Alter etwas mehr Aufmerksamkeit und Verständnis als in jungen Jahren benötigt, denn durch die Abnahme der körperlichen und geistigen Leistungsfähigkeit ist er nicht mehr allen Anforderungen gewachsen. Wenn Sie dieser Situation mit viel Einfühlungsvermögen gerecht werden, haben Sie auch in den nächsten Jahren einen zuverlässigen Freund und Partner.

WISSENSWERTES ÜBER ÄLTERE HUNDE

Mit seinem verlässlichen Wesen ist der ältere Hund ein idealer Partner für jeden Hundefreund und in allen Lebenssituationen. Er paßt gut zu seiner Familie, eignet sich aber noch genauso gut als Wach- und Gebrauchshund. Mit seiner ganz speziellen Art bereichert er das Leben seiner Menschen.

Der Hundesenior

Er ist ein liebenswertes Familienmitglied, das seinen eigenen Kopf besitzt und ihn auch durchsetzen will. Seine Lebenslust und Treue ist im Alter ungebrochen und er wünscht sich von Ihnen die gleiche Zuwendung und Beschäftigung wie ein junger Hund. Auch mit seiner langen Lebenserfahrung ist er durchaus noch in der Lage, sich an alle Gegebenheiten anzupassen. Allerdings sollte man dabei seine Vorgeschichte kennen und ihm ausreichend Verständnis entgegenbringen.

In seinem bisherigen Leben hat der ältere Hund viel gelernt und erlebt und verhält sich dementsprechend vorhersehbar - ein großer Vorteil im täglichen Zusammenleben. Ein weiterer ist seine unbedingte Verläßlichkeit.

Je nach Rasse, Charakter und Erziehung behält der ältere Hund sein Naturell und seine Lebensfreude bis ins hohe Alter. Dies ist auch bei den vielen Mischlingshunden nicht anders, die oft durch ihr lustiges Aussehen und den liebenswerten Charakter bestechen.

Der ältere Hund - verläßlich und aufmerksam - ist in allen Lebenslagen der richtige Partner.

Der ältere Hund erfüllt seine Aufgaben und Pflichten bis ins hohe Alter, gleichgültig, ob er als Wach-, Gebrauchs- oder als Familienhund gehalten wird. Dabei ist für ihn aber auch immer wichtig, daß er im Alter noch gefordert wird und genügend Anregungen erhält.

Wie bei jeder Persönlichkeit haben sich natürlich auch einige unangenehme Gewohnheiten eingeschlichen. Der ältere Hund versucht immer wieder, seine Bereiche auszuweiten und die Grenzen zu seinem Vorteil neu abzustecken. Manchmal kann er dabei auch recht eigensinnig sein.

Die größte Freude des älteren Hundes ist es, viel Zeit in der Nähe seines Herrn zu verbringen denn Hunde sind Rudeltiere und fühlen sich nur im vertrauten Rudel glücklich und sicher. Ganz gleich, ob er bei Ihnen alt geworden ist, oder ob er erst als älterer Hund in die Familie kommt, auf alle Fälle kann man mit ihm noch viele glückliche Jahre verleben.

So erkennen Sie den älteren Hund

Das Alter eines Hundes wird nicht nur durch seine Lebensjahre bestimmt. Gesundheit, Charakter und Lebensbedingungen prägen das Verhalten, das wir von einem älteren Hund erwar-

ten. Der Übergang vom älteren zum alten Hund ist fließend und wird vom Hundebesitzer im täglichen Zusammenleben oft kaum bemerkt. Es gibt einige untrügliche, äußerlich sichtbare Merkmale, die auf den Alterungsprozeß hindeuten und die auch vom Hundehalter bemerkt werden:

✔ Die körperliche Leistungsfähigkeit sinkt langsam, der Hund wird schneller müde.

✔ Das Ruhebedürfnis steigt.

✔ An der Schnauze der meisten Rassen zeigen sich die ersten grauen Haare. Bei heller Fellfärbung fällt allerdings die Graufärbung weg, der Hund sieht immer gleich jung aus.

Gleichzeitig beginnt auch der innere Alterungsprozeß:

Baden gehört für viele Hunde zu den größten Freuden - auch für die älteren.

✔ Die Funktionsfähigkeit der inneren Organe läßt langsam nach. Dies betrifft im besonderen Maße Nieren und Leber.

✔ Die Muskelmasse nimmt ab.

✔ Die Herz- und Kreislauffunktionen gehen zurück.

✔ Das Immunsystem und damit die Abwehrkraft ist nicht mehr so aktiv, deshalb wird der Körper auch anfälliger für Krankheiten.

Langsam bereitet sich der Körper darauf vor, alt zu werden. Dieser Alterungsprozess ist eine natürliche Vorbereitung auf den Tod. Die geistige Leistungsfähigkeit bleibt aber in der Regel länger erhalten.

Sie können Ihren Hund jedoch fit halten, indem Sie ihm ausreichende Bewegung, Ruhepausen und eine gesunde Ernährung bieten.

Die Lebenserwartung der Hunde

Für den Besitzer ist es oft schwer, sich mit dem Älterwerden des Hundes abzufinden, weil dessen Lebenserwartung so viel geringer als die eigene ist. Deshalb wird oft verdrängt, daß das liebgewonnene Tier älter geworden ist. Dabei ist es sehr sinnvoll, diesen Prozeß gemeinsam mit dem Tier zu durchlaufen. So können alle Zeiten des Lebens bewußter und tiefer erlebt werden. Die Lebenserwartung des Hundes ist für jeden Hundebesitzer sehr wichtig, denn wer möchte nicht möglichst viele gemeinsame Jahre mit seinem Hund verbringen.

Bei den einzelnen Hunderassen ist die voraussichtliche Lebenserwartung sehr unterschiedlich. In der Regel werden kleine Hunderassen älter, während extrem große Hunde meist nur eine relativ geringe Lebenserwartung haben. Aber auch bei kleinen Hunden gibt es Rassen, die nicht alt werden. Dies sollte bei der Entscheidung für eine bestimmte Hunderasse beachten werden. Bei den hier angegebenen Werten handelt es sich um Er-

Aufmerksam beobachtet der Hund seinen Herrn.

╭─── **T I P** ───╮

Hundealter errechnen

Bei der Errechnung des Hundealters legt man gerne die Erkenntnisse des entsprechenden Menschenalters zugrunde. Eine relativ allgemeine Berechnung ist:

Hunde	Menschen
1 Jahr	15 Jahre
2 Jahre	23 Jahre
3 Jahre	27 Jahre

In den folgenden Jahren entspricht je ein Hundejahr vier Menschenjahren. Für eine genauere Altersberechnung muß man allerdings zwischen den verschiedenen Hundegrößen unterscheiden. Es läßt sich jedoch dabei feststellen, daß kleinere Hunderassen später erwachsen werden und später altern als größere. Im Verhältnis zum Menschen werden Hunde später erwachsen und altern früher.

---

fahrungswerte, bei einzelnen Hunden kann der Beginn der Alterung deutlich früher oder sehr viel später sein, denn wie überall bestätigen Ausnahmen die Regel.

Bei kleinen Hunderassen liegt die Lebenserwartung etwa zwischen 5 und 13 Jahren, wobei bei dieser Größe mit einigen wenigen Ausnahmen verhältnismäßig viele Rassen und Tiere älter werden. Kleine Hunderassen altern etwa ab 8 Jahren. Als alt bezeichnet man kleine Hunderassen ab etwa 12 Jahren. So findet man beispielsweise weitaus häufiger

einen alten Dackel oder Spitz als einen alten
Schäferhund.

Bei mittleren und großen Hunderassen ist die
Differenz zwischen den einzelnen Rassen sehr
groß. Sie schwankt etwa zwischen 5 und 15
Jahren. Bei den meisten Rassen liegt die Lebenserwartung allerdings bei etwa 8 - 10 Jahren. Der Alterungsprozeß setzt hier bei etwa 7
Jahren ein. Diese Hunde gelten mit etwa 9 bis
10 Jahren als alt.

Sehr große Hunderassen haben nur eine sehr
kurze Lebenserwartung. Das bedeutet auch, das
schon nach wenigen Jahren (etwa 6 Jahren) das
Älterwerden beginnt. Die Zeit, die man mit einem sehr großen Hund verbringen kann, ist also meist sehr kurz. Die durchschnittliche Le-

Eine glückliche Familie. Alle Hunde geniessen das Zusammenleben mit ihren großen und kleinen Menschen.

benserwartung liegt bei den einzelnen Rassen
etwa zwischen 6 und 8 Jahren. Ab etwa 5 Jahren werden sie auch als alt bezeichnet.

Mischlingshunden wird nachgesagt, daß sie besonders widerstandsfähig sind und sehr alt werden können. Auch hier spielt die Größe des Tieres eine entscheidende Rolle, denn die Rassen,
die sich in einem Mischlingshund wiederfinden,
beeinflußen maßgeblich die voraussichtliche
Lebenserwartung. Eine genaue Aussage darüber
zu treffen, wird allerdings eher schwierig, da

am Aussehen des Hundes nicht eindeutig erkennbar ist, welche Rassen beteiligt waren.

Weitere Einflüsse auf Alter

Neben der genetisch festgelegten Lebenserwartung der einzelnen Hunderassen können auch äußere Faktoren Einfluß auf das Alter des Hundes nehmen. Artgerechte Haltung und ausgewogene Ernährung tragen bei, dem Hund ein erfülltes, langes Leben zu ermöglichen. Ein gut gehaltener und betreuter Hund lebt in der Regel deutlich länger als ein schlecht ernährter und nicht artgerecht gehaltener Hund. Allerdings sollte man auch Veranlagungen und Krankheiten und ihre Auswirkungen auf das Alter eines Hundes nicht unterschätzen.

Generell kann man sagen, daß die Lebenserwartung der Hunde in den letzten Jahren deutlich gestiegen ist. Dies liegt sicherlich an der besseren Ernährung, den regelmäßigen und rechtzeitigen Tierarztbesuchen und Impfungen. Auch die Fortschritte in der Tiermedizin tragen zur höheren Lebenserwartung bei.

Was Sie vorher überlegen sollten

Wenn Sie sich einen älteren Hund ins Haus holen wollen, ist die richtige und gut überlegte Auswahl Ihres neuen Gefährten sehr wichtig, denn nur so wird ein angenehmes Zusammenleben von Hund und Familie gewährleistet sein. Legen Sie vorher fest, welche Kriterien für Sie ausschlaggebend sind, denn die Entscheidung, einen älteren Hund ins Haus zu nehmen, beeinflußt maßgeblich das weitere Familienleben. So können schon im Vorfeld Probleme vermieden werden.

Wie soll er sein?

Stellen Sie sich vorher eine Kriterienliste zusammen, die auf Sie und Ihre spezielle Situation passen, hier einige Anregungen:

Checkliste
Die Auswahl des älteren Hundes

1 Wählen Sie einen Hund aus, der in Charakter, Rasse und Größe zu Ihnen und Ihrer Familie paßt.

2 Überlegen Sie genau, welche Anforderungen und Wünsche Sie an den Hund stellen.

3 Achten Sie darauf, daß der Hund keine Charaktereigenschaften hat, mit denen Sie nicht fertig werden. Sie sollten ihm ganz klar seinen Platz in der Rangfolge zuweisen.

4 Erkundigen Sie sich, wie der Hund vorher gelebt hat und ob dies zu Ihnen paßt.

5 Können Sie eventuell bestehende gesundheitliche Beeinträchtigungen des Hundes mit Ihren Lebensbedingungen vereinbaren?

6 Lassen Sie den Hund möglichst von einem Tierarzt untersuchen, bevor Sie sich endgültig entscheiden.

7 Einen älteren Hund bekommen Sie von Verwandten, Bekannten, über Anzeigen in der Zeitung unter Tiermarkt und in Hundezeitschriften, im Tierheim oder von privaten Tierschützern.

✔ Charakter und Verhalten des Hundes sollten den Ausschlag geben. In eine Familie mit Kindern paßt nur ein Hund, der kinderfreundlich ist oder diese zumindest akzeptiert. Von einem bissigen Hund muß abgeraten werden, da Unfälle nicht ausgeschlossen werden können.

✔ Hunde sind von Natur aus Rudeltiere und beanspruchen in ihrem neuen Zuhause ihren Platz. Sie sollten auch im Umgang mit älteren Hunden immer bestimmt und energisch auftreten, damit er genau seinen Platz in der Rangfolge kennt. Der Hund wird bei zu nachgiebiger Erziehung versuchen, die Rolle des Rudelführers zu übernehmen, was ihn in der Familie zu einer Gefahr machen könnte.

✔ Bei einem älteren Hund sind gesundheitliche Beeinträchtigungen nicht auszuschließen. Hier müssen Sie genau überlegen, ob Sie mit den vorhandenen Behinderungen leben können. Ein unsauberer Hund beispielsweise ist im Hochhaus nur sehr schlecht zu halten. Auch die Anschaffung eines tauben oder blinden Hundes ist zu überlegen. Im Zweifelsfall erkundigen Sie sich vor der Anschaffung bei einem Tierarzt, ob Handicaps vorhanden sind und welche Auswirkungen diese auf das Leben des Hundes und somit auch auf Ihr Leben haben.

✔ Der ältere Hund macht deutlich weniger Arbeit als ein Welpe, seine Flegeljahre hat er schon hinter sich und für gewöhnlich ist er bereits erzogen. So gestaltet sich das Zusammenleben im Alltag einfacher und angenehmer.

Wie leben Sie?

Sie sollten sich auch Ihre Lebensumstände genau anschauen:

✔ Ihre Lebensbedingungen entscheiden über Rasse und Größe des zukünftigen Hundes. Ein kleinerer, ruhiger Hund ist für eine Wohnung in der Stadt besser geeignet als ein großer, sehr lebhafter und lauter Hund. Trotzdem kann auch ein großer Hund in einer Wohnung glücklich leben, wenn Sie genug Zeit für ihn haben und er entsprechend Auslauf bekommt.

✔ Wenn der Hund bereits unter ähnlichen Bedingungen wie bei Ihnen gelebt hat, wird er sich leichter eingewöhnen und weniger Schwierigkeiten machen. Andernfalls kann es durchaus zu Problemen beim Eingewöhnen kommen. Ein Zwingerhund beispielsweise lebt sich in der Regel sehr gut im Haus ein. Der umgekehrte Fall sollte allerdings möglichst vermieden werden, weil es für den Hund eine zu große Umstellung seiner Lebensumstände bedeuten würde.

✔ Wenn Sie bereits andere Tiere halten, sollten Sie einen Hund wählen, der an diese Tierarten gewöhnt ist. Falls dies nicht möglich ist, ist es sinnvoll, vor der endgültigen Entscheidung zu testen, wie der Hund auf die Tiere reagiert.

Auch ein älterer Hund ist nicht gern allein. Gemeinsam mit einem Spielkameraden der gleichen Wellenlänge macht das Leben mehr Spaß.

Lebenserwartung verschiedener Rassen

Hunderasse/Durchschnittliche Lebenserwartung in Jahren

Kleine Rassen

Dackel	13	Spitz	12	Yorkshire Terrier	10
Zwergpudel	13	Jack Russell Terrier	12	Chihuahua	9
Pekinese	12	Foxterrier	11	West Highland White Terrier	5

Mittlere und große Rassen

Münsterländer	15	Irish Setter	10	Rottweiler	8
Mittelpudel	12	Bobtail	10	Dobermann	7
Chow Chow	12	Collie	10	Mittelschnauzer	7
Vorstehhund	11	Beagle	10	Dalmatiner	6
Cocker	11	Schäferhund	9	Berner Sennenhund	6
Husky	11	Labrador	9	Golden Retriever	5
Airedale	10	Boxer	8		

Sehr große Rassen

Leonberger	8	Bernhardiner	7	Irischer Wolfshund	6
Neufundländer	7	Deutsche Dogge	6		

Kommt es sofort zu Aggressionen, sollten Sie diesen Hund nicht nehmen.

✔ Bevor Sie sich endgültig entscheiden, versuchen Sie, seine Geschichte kennenzulernen. Sie können so einfühlsamer auf ihn eingehen und ihn besser verstehen.

Wenn Sie der Auswahl Ihres älteren Hundes genügend Bedeutung beimessen, gewinnen Sie einen guten Partner und werden viel Freude an ihm haben.

Wo finden Sie den älteren Hund?

Ältere Hunde finden Sie meist über Bekannte und Verwandte, in Tierheimen und Tageszeitungen unter der Rubrik Tiermarkt oder von Hundezüchtern oder privaten Tierschützern. Auch Fachzeitschriften für Hunde helfen Ihnen weiter.

Die richtige Haltungsform

Hierüber gibt es die unterschiedlichsten Meinungen. Viele Hundebesitzer halten ihre Hunde in der Wohnung und/oder im Haus mit Garten, andere schwören auf die Zwingerhaltung. Hunde werden auch heute noch teilweise an der Kette gehalten, was nicht zu empfehlen ist.

Hunde leben von Natur aus in Rudeln, deshalb ist die beste Haltungsform die Nähe zum Menschen. In der Praxis bedeutet das, daß der Hund sich in der Wohnung, im Haus und Garten frei bewegen kann und ständig Kontakt zu seinem Halter aufnehmen oder ihn zumindest beobachten kann. Bei kleinen Hunden ist diese Haltung üblich, auch Hunde mittelgroßer Rassen werden meistens so gehalten. Bei großen Hunden neigt mancher zur Zwingerhaltung. Dabei sollte nicht

TIP

Rechtsfragen

Hundehalter haben oft Probleme mit ihren Mitmenschen, die sich durch den Hund belästigt fühlen. Auch kann es passieren, daß ein Hund einen Menschen verletzt, Schaden oder einen Unfall verursacht. Für jeden Hundehalter ist es deshalb empfehlenswert, eine Rechtsschutz- und eine Hundehaftpflichtversicherung abzuschließen.

Die Rechtsschutzversicherung gibt Ihnen auch die Möglichkeit, die entsprechenden Schritte zu unternehmen, wenn Ihr Hund durch Dritte verletzt wurde, denn häufig wehren sich die Verursacher dagegen, für die Tierarztkosten aufzukommen.

Die Hundehaftpflichtversicherung muß für jeden einzelnen Hund abgeschlossen werden, denn Hunde sind nicht in der normalen Personen- oder Familienhaftpflicht enthalten. Wenn ein weiterer Hund hinzukommt oder der bisherige Hund gestorben ist und durch einen anderen Hund ersetzt wurde, teilen Sie dies der Versicherung schriftlich mit und lassen sich die Änderung schriftlich bestätigen, um im Schadensfall Probleme zu vermeiden.

In einer Mietwohnung sollte generell die Tierhaltung vor der Anschaffung schriftlich vom Vermieter genehmigt werden. Nur so schützen Sie sich vor späteren Problemen. Wenn der Hund bereits vorhanden ist, sollten Sie dies in den Mietvertrag mit aufnehmen lassen.

vergessen werden, daß auch ein großer Hund sich gerne bei seiner Familie aufhält. Es spricht also nichts dagegen, einen großen Hund im Haus zu halten. Auch in einer Wohnung ist dies möglich, allerdings muß hier darauf geachtet werden, dem Hund ausreichend Auslauf zu bieten, damit er genug Eindrücke sammeln kann, um einer Abstumpfung und Verhaltensstörung vorzubeugen.

Wohnungshaltung: Bei dieser Haltungsform braucht der Hund einen festen Futterplatz, an dem neben dem Futter- auch der Wassernapf stehen sollte. Der Wassernapf muß immer gefüllt und ständig erreichbar sein. Außerdem braucht der Hund einen oder mehrere Schlafplätze, die ihm zugewiesen werden sollten. Wenn er diesen Platz selbst wählt, müssen Sie damit rechnen, daß er auch zukünftig dort schläft - und es tolerieren können.

Wenn auch viele Menschen es als nett empfinden, gehört der Hund nicht ins Bett. Er kann aber seinen Schlafplatz durchaus mit im Schlafzimmer haben. Nach einigen Versuchen, sich einen Bettplatz zu erobern und konsequenter Zurückweisung wird er das auch akzeptieren und zufrieden mit einem Platz im Schlafzimmer sein. Der Hundebesitzer kann so nachts bei Bedarf rechtzeitig mit dem Hund Gassi gehen und wird früh auf gesundheitliche Probleme aufmerksam.

Zwingerhaltung: Der Zwinger sollte möglichst größer sein als die im Tierschutzgesetz festgelegte Mindestanforderung (6 qm für einen Hund). Bei dieser Haltungsform ist es wichtig, dem Hund täglich genügend Auslauf zu bieten, damit er nicht das typische Zwingerverhalten annimmt, bei dem er ständig im Kreis entlang des Zwingergitters herumläuft. Der Standort des Zwingers sollte so gewählt sein, daß der Hund Anteil an der Umgebung nehmen kann, um den langweiligen Tag durch interessante Er-

lebnisse aufzulockern. Eine isolierte, wetterge-
schützte Hütte zum Ausruhen ist ebenfalls unerläßlich. Gerade bei älteren Hunden kann es
auch sein, daß sie aufgrund gesundheitlicher
Probleme, wie beispielsweise Herz- und Kreis-
laufstörungen oder Muskel- und Gelenkschmer-
zen, nicht mehr bei jedem Wetter im Zwinger
bleiben können. Deshalb empfiehlt es sich, den
Hund bereits von klein auf an den Aufenthalt
im Haus zu gewöhnen. Aber auch ein älterer
Hund, der im Zwinger gehalten wurde, kann
sich noch an die Wohnungshaltung gewöhnen,
während es umgekehrt zu großen Problemen
führen kann. Generell sollte man von Zwingerhaltung absehen, wenn sie nicht unbedingt erforderlich ist.

Kettenhaltung: Die Kette entspricht zwar den
gesetzlichen Anforderungen, sollte trotzdem aber keine ständige Haltungsform
sein und ist nicht zu empfehlen.
Ketten sind oft sehr schwer und
beeinträchtigen den Hund in der
Bewegung. Für ältere Hunde ist die
Kettenhaltung deshalb ungeeignet.
Die Bewachung von einsamen Grund-
stücken, beispielsweise Gartengrund-
stücken, ist generell für Hunde, besonders

aber für ältere Hunde abzulehnen. Der Hund
kann keine sozialen Kontakte knüpfen und die
erforderliche Versorgung ist in der Regel nicht
gewährleistet. Ein einmaliger kurzer Besuch des
Besitzers reicht nicht aus, um die restlichen vielen Stunden des Tages zu überbrücken.

Ausreichender Auslauf sollte bei jeder Unter-
bringungsform gewährleistet sein. Er muß bei
Spaziergängen Kontakt zu anderen Hunden,
Menschen und Tieren aufnehmen können und
lernen, sich im Straßenverkehr, aber auch beim
Tierarzt, in fremden Wohnungen und Geschäf-
ten ordentlich zu benehmen. Dies kann er nur,
wenn er die Möglichkeit dazu hat. Auch ältere
Hunde können dies noch gut lernen.

Streicheleinheiten fördern die Gemeinschaft
und sollten täglich gegeben werden.

Grundausstattung

Jeder Hund benötigt einige Dinge, die für sein Leben und seine Versorgung unerläßlich sind. Auch für einen älteren Hund lohnt es sich, eine sinnvolle Ausstattung anzuschaffen. Für ihn erhöht es die Lebensqualität und für Sie erleichtert es die Pflege. Der Fachhandel bietet dazu eine große Palette an geeigneten Artikeln an:

✔ Dazu gehören ein Halsband und eine Leine. Beides sollte praktisch und pflegeleicht sein und zur Größe des Hundes passen.

✔ Freß- und Trinknapf sollten sich schnell und hygienisch reinigen lassen. Dies ist im Krankheitsfall sehr wichtig, um eine erneute Infektion zu verhindern. Metallnäpfe eignen sich dazu ausgesprochen gut und sind auch für Hunde

Ein stilles Plätzchen ist für das Wohlbefinden des älteren Hundes wichtig, wenn er Ruhe benötigt.

äußerst praktisch, die ihren Napf gerne zerbeißen.

✔ Ein Korb, ein Hundekissen oder eine -decke zeigen dem Hund seinen gemütlichen Liegeplatz. Gut für die Praxis geeignet sind dabei waschbare Hundedecken oder Polster für die Körbe, denn sie können ohne großen Aufwand schnell und hygienisch gereinigt werden. Viele Hunde liegen allerdings gerne in einem Korb, weil sie sich durch den erhöhten Rand geschützter und geborgener fühlen.

✔ Die Bürste sollte dem Fell des Hundes entsprechend ausgesucht werden. Für einen extrem langhaarigen, zotteligen Hund benötigt man dabei eine kräftigere Bürste als für einen sehr kurzhaarigen Hund. Bei langhaarigen Hunden empfiehlt sich auch ein Kamm und eine Schere, um Kletten oder Haarballen im Fell leichter zu entfernen.

Allerlei Zubehör

Neben der Grundausstattung gibt es natürlich im Fachhandel eine Menge Dinge, die dem Hund viel Freude machen und sein Leben verschönen. Es findet sich für jeden Geldbeutel das geeignete Zubehör, ob Spielzeug, Korb, Decke oder Laufleine, wenn der Hund in vielen Bereichen des Lebensraums nicht frei laufen kann. Gerade beim älteren Hund empfiehlt es sich, die Ausstattung durch einige Dinge zu ergänzen. Mehrere Decken haben sich hier als sehr sinnvoll erwiesen, denn sie müssen möglicherweise häufiger gewaschen werden. So ist immer eine Decke trocken und sauber.

Wenn der Hund sich viel auf seinem Schlafplatz aufhält, liegt er oft auf einer weichen Schaumstoffunterlage besser. Auf einer harten Unterlage kann er Schmerzen bekommen. Aber auch das Gegenteil kann eintreten. Beim Kauf von Spielzeug sollten Sie darauf achten, daß es vom Hund nicht zu leicht zerbissen oder verschluckt werden kann. Außerdem ist es günstig, wenn der Hund sich auch einmal allein damit beschäftigen kann.

Vor einer Anschaffung sollte also der Hund genau beobachtet werden, damit Sie herausfinden, wie er gerne liegen möchte.

Achten Sie generell auf die Bedürfnisse des Hundes, bevor Sie für ihn entsprechende Dinge kaufen.

Krallenzange: Wenn Sie sich das Krallenschneiden selbst zutrauen, ist bei vielen älteren Hunden die Anschaffung einer Krallenzange zweckmäßig, da durch die reduzierte Bewegung die Krallen oft nicht mehr genügend abgelaufen werden. Es ist aber auf alle Fälle sinnvoll, sich diese Arbeit erst einmal von einem Tierarzt zeigen zu lassen, um Verletzungen durch zu weites Abschneiden (bei verletzten Krallen kommt es zu starken Blutungen) zu vermeiden.

Ein Körbchen und Spielsachen gehören zur Ausstattung des Hundes.

Ein neuer Hund, egal ob alt oder jung, muß sich erst eingewöhnen. Sie erleichtern ihm das, indem Sie auf ihn eingehen und ihm viel Zeit widmen.

Sie haben sich entschieden, einen älteren Hund in Ihre Familie aufzunehmen. Durch Ihre Vorüberlegungen (→ siehe S. 11) und die dementsprechende Auswahl haben Sie bereits den wichtigsten Schritt unternommen, dem Hund die Eingewöhnung zu erleichtern, denn wenn sein Verhalten und sein Charakter zur Lebensweise Ihrer Familie passen, haben Sie weniger Schwierigkeiten. Die Eingewöhnung ist aber auch von den in Ihrem Haushalt lebenden Menschen und

Das Einleben geht schneller mit dem gewohnten Körbchen.

Tieren, die auch mit dem neuen Hund zurecht kommen müssen, abhängig.
✔ Sie sollten den Hund sofort mit den Gegebenheiten im Haushalt und der Familie vertraut machen. Es sollte von Anfang an klar sein, was er darf und was nicht.

✔ Schlaf- und Futterplatz sollten Sie festlegen und durch konsequente Zurechtweisung beibehalten.
✔ Wenn der Hund nicht im Schlafzimmer schlafen soll, so darf dies auch in den ersten Tagen nicht geschehen. Wird er anschließend wieder daraus verbannt, versteht er es nicht und die Eingewöhnung wird für ihn viel schwerer sein.
✔ Sie können den älteren Hund an seinen zukünftigen Schlafplatz gewöhnen, wenn die Bezugsperson in den ersten Tagen im gleichen Zimmer schläft, in dem der Hund nächtigen soll. So gewöhnt der Hund sich an den Platz und ist doch nicht gleich allein.
✔ Berufstätige Hundebesitzer sollten in den ersten Tagen des Zusammenlebens Urlaub nehmen, damit der Hund nicht unbeaufsichtigt ist.

Andere Heimtiere
Der Hund wird mit den in der Familie lebenden Tieren unter Aufsicht vertraut gemacht, damit er die Rangfolge im Rudel seiner »Familie« kennenlernt. Die Gewöhnung an andere Tiere sollten Sie schon bei der Auswahl des älteren Hundes bedenken.

Kontakt zu den in der Familie lebenden Tieren ist wichtig.

Vertrautes mitnehmen

Wenn Sie die bisherige Decke oder den gewohnten Korb sowie Leine und Spielzeug mitnehmen können, hat der Hund in der ersten Zeit einige Bezugspunkte, die ihm bereits vertraut sind. Diese können dann nach und nach durch neue Dinge ersetzt werden.

Die erste Zeit

In den ersten Tagen sollte dem Hund viel Verständnis entgegen gebracht werden. Er kann ja nicht verstehen, warum er plötz-

Bei den ersten Spaziergängen sollte der Hund unbedingt an der Leine bleiben.

lich in einer anderen Familie leben soll und wird seine bisherige Bezugsperson und sein Rudel vermissen. Mit seiner Lieblingsspeise und viel Zuwendung schaffen Sie hier Abhilfe.

Erste Spaziergänge

Die erste Zeit wird der Hund draußen an der Leine geführt. Sie sollten ihm erst dann freier Auslauf gewähren, wenn er auf Ruf zu Ihnen kommt.

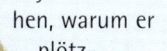

Interessiert beobachtet der Hund die Vorgänge im neuen Heim.

Heimweh

Einige Hunde trauern sehr stark und verweigern das Futter. Hier kann die Bachblütentherapie helfen, den Hund zu entspannen und ihn für die neue Familie zu öffnen. Auch Ignatia, ein Mittel aus der Homöopathie, ist hilfreich. Verabreichen Sie beides nach Absprache mit einem auf diesen Gebieten erfahrenen Tierarzt.

Ältere Hunde und andere Hunde

Ältere Hunde lassen sich meist gut an andere Hunde gewöhnen. Dabei ist es egal, ob es sich um einen Welpen oder einen weiteren älteren Hund handelt. Welpen haben bei allen Hunden mit normalem Verhalten Welpenschutz. Der Hund wird das Junge nicht verletzen. Ihr Hund

Ältere Hunde gewöhnen sich noch gut an andere Hunde. Manchmal ist aber etwas Geduld nötig.

sollte bei der Auswahl des neuen Hundes dabei sein, damit die beiden sich sympathisch sind. Gehen Sie mit ihnen auf neutralem Gebiet spazieren. Wenn keine Aggressionen auftreten, nehmen Sie beide Hunde mit in den künftigen gemeinsamen Bereich. Streit und Aggression sollten Sie nicht dulden. Die Hunde müssen den Bereich des Artgenossen akzeptieren.

DER RICHTIGE UMGANG MIT ÄLTEREN HUNDEN

Ältere Hunde besitzen einen großen Schatz an Lebenserfahrung. Damit das Zusammenleben mit ihnen optimal gestaltet und ausgefüllt werden kann, sollten Sie einige grundlegende Dinge über den älteren Hund wissen und im täglichen Umgang beachten.

Der ältere Hund ist etwas gesetzter und braucht mehr Ruhe, aber weiterhin viel Zuwendung und regelmäßige Streicheleinheiten von seiner Familie. Im Alter wird er seltener durch Lebhaftigkeit die Aufmerksamkeit seiner Menschen erregen. Nur zu leicht lebt man dann zwar in einer Gemeinschaft zusammen, beachtet sich aber kaum. Dabei kommen dann die Bedürfnisse des Hundes zu kurz. Nehmen Sie sich deshalb ausreichend Zeit für Ihren Freund, auch wenn er etwas ruhiger ist.

Ein erprobtes Team

Weil Hund und Familie ein gut eingespieltes Team sind, und jeder seinen Platz und die Stärken und Schwächen des Partners kennt, muß man vielleicht gerade deshalb mit den regelmäßigen Versuchen des Hundes rechnen, Dinge zu tun, die eigentlich verboten sind. Hier heißt es, mit liebevoller Nachsicht die festgelegten Regeln weiterhin einzuhalten. Sie sollten auch beim älteren Hund ganz normal wie bei jedem anderen Hund bei Fehlverhalten konsequent

Die Geschwindigkeit und Dauer einer Radtour wird auf den älteren Hund abgestimmt.

reagieren. Sobald der Hund an den in der Familie üblichen Tagesablauf gewöhnt ist, wird es im Umgang keine Schwierigkeiten geben.

Liebenswerte Schrullen

Auch Hunde können wie Menschen im Laufe ihres Lebens Eigenheiten entwickeln, die vom Halter wenig erwünscht sind. Diese können durch körperliche Ursachen oder Erkrankungen wie Schwerhörigkeit begründet sein. Der Hund reagiert dann bei einer Bewegung falsch, weil er erschrickt. Oder aber er verändert sich vom Charakter her, er wird einfach etwas schrullig. Haben Sie Verständnis dafür.

Sportliche Aktivitäten

Auch der ältere Hund möchte auf seine geliebten Spaziergänge und das Spiel mit seinem Menschen nicht verzichten. Aufgrund des Alters machen vielleicht mehrere kurze Spaziergänge mehr Spaß, als ein großer, bei dem das Tier überfordert wird.
Sportliche Aktivitäten sollten - dem Gesundheitszustand des Hundes entsprechend - beibehalten werden. Indem Sie Aktionen verlangen (→ siehe Praxis Spiele Seite 48/49), die der ältere Hund gut leisten kann, vermeiden Sie, daß

Müde kuschelt sich der Hund nach einem schönen Spaziergang an seinen Herrn.

ihm sein Alter bewußt wird. Jeder Hund möchte seinem Herrn Freude machen. Er wird darunter leiden, wenn er Ihren Anforderungen nicht mehr genügen kann.

Ältere Hunde und Kinder

Alle Kinder lieben Hunde. Sie lernen durch den kuscheligen Hund Verantwortungsbewußtsein und Rücksicht. Dafür haben sie einen lustigen Partner für Spiele und einen verständnisvollen Tröster in traurigen Stunden, der immer Zeit

hat und sich alle Freuden und Sorgen geduldig anhört. Kinder erleben mit Hunden oft die glücklichsten Stunden. Entscheidend ist dabei, den Kindern den richtigen und rücksichtsvollen Umgang mit dem Lebewesen Hund beizubringen, der mit zunehmendem Alter der Kinder intensiver wird. Eltern sollten sich darüber genau informieren, um Probleme im Umgang zu vermeiden. Die meisten Hunde wollen »ihre« Kinder beschützen und sehen sie als ihre Welpen und Kameraden an.

In vielen Fällen sind Kind und Hund miteinander aufgewachsen, altern aber unterschiedlich schnell. Wenn das Kind erwachsen wird, ist der Hund bereits alt. Das Kind muß nun auf den älteren Hund Rücksicht nehmen und die altersbedingt auftretenden Eigenheiten akzeptieren. Darauf sollten Sie Ihre Kinder vorbereiten.

Kleinkinder und Babys

Anders ist es, wenn ein älterer Hund bereits in der Familie lebt und ein neues Kind - ein Baby oder ein Pflegekind - hinzukommt, das in der Familie nun einen festen Platz hat. Der ältere Hund versteht nicht, warum plötzlich das Kind da ist. Bereiten Sie ihn deshalb darauf vor, indem Sie bestimmte Verhaltensweisen üben, die er später kennen soll, beispielsweise das Meiden des Kinderzimmers usw. Von Anfang an muß der Hund sehen, daß er keinen Grund zur Eifersucht hat. Bei einem Baby ist dies meist einfach, da der Hund in die »Pflege« miteinbezogen werden kann. Lassen Sie den Hund von Beginn an Kontakt zum Baby aufnehmen und loben Sie ihn, wenn er brav ist. Wenn alle Impfungen und regelmäßig Entwurmungen vorgenommen wurden, schadet es dem Kind nicht, wenn er es beschnuppern darf. So wird er sich als Beschützer fühlen und die Entwicklung des Babys begleiten. Selbstverständlich wird der Hund nicht mit dem Kind allein gelassen.

Ältere Kinder

Wenn das Kind bereits größer ist, hängt es stark von seinem Verhalten ab, wie es vom Hund akzeptiert wird. Das sollten Sie beachten:

✔ Beruhigen Sie das Kind, wenn es Angst zeigt. Der körperliche Kontakt sollte dann mit dem Hund gemieden werden. Erklären Sie dem Kind, daß es niemals mit dem Hund schreien oder den Hund treten oder schlagen soll. Lassen Sie den beiden Zeit. Der Hund geht dann von sich aus auf das Kind zu. Achten Sie darauf, daß er dabei nicht zu stürmisch agiert. Nehmen Sie im Zweifelsfall das Kind auf den Schoß, damit es sich sicher fühlt. Der Kontakt zwischen Hund und Kind entwickelt sich in diesem Fall erst langsam. Gehen Sie besonders sorgfältig vor,

Ballspiele sind für Kind und Hund eine lustige Abwechslung im Tagesablauf.

damit das Kind zukünftig keine lebenslange Angst vor Hunden entwickelt, aber auch der Hund kein gestörtes Verhalten gegenüber Kindern bekommt.

✔ Das Kind muß von Anfang an die Bereiche des Hundes und seine Gewohnheiten akzeptieren. Größere Kinder sind in der Regel verständig genug, auf Ihre Anregungen zu hören.

✔ Vom Kind sollte der Hund nur Gutes erfahren und merken, daß ihm die Liebe des Herrchens trotz der neuen Person in der Familie weiterhin ungeteilt gehört.

Die 10 Goldenen Regeln
für das Leben mit einem älteren Hund

1 Der ältere Hund braucht feste Fütterungs- und Ruhezeiten, auf die er sich seit langem eingestellt hat. Nehmen Sie Rücksicht darauf.

2 Auch ein älterer Hund braucht genügend Zuwendung und ausreichend Beschäftigung.

3 Die Dauer der Spaziergänge sollte dem Gesundheitszustand des älteren Hundes angepaßt werden.

4 Spielen gehört auch für einen älteren Hund zur Lebensfreude. Tägliche Spiele halten den Körper und den Geist des Hundes fit.

5 Ein älterer Hund ermüdet schneller. Dies ist besonders beim Spiel mit Kindern zu beachten, damit der Hund nicht überfordert wird.

6 Bieten Sie dem älteren Hund ein ruhiges Plätzchen, um sich zurückziehen zu können, wenn er sich erholen möchte.

7 Die Erziehung sollte nicht vernachlässigt werden. Ältere Hunde versuchen gern, ihre Bereiche auszuweiten. Geben Sie nur dann nach, wenn Sie das Verhalten akzeptieren können.

8 Auch bei einem älteren Hund sollte die Rangordnung innerhalb der Familie beachtet und beibehalten werden.

9 Beachten Sie im Tagesablauf die auftretenden gesundheitlichen Beeinträchtigungen.

10 Einige Hunde sind perfekte Schauspieler. Sie täuschen gerne Krankheiten vor. Schauen Sie deshalb den Hund genau an, besonders, wenn er sich unbeobachtet fühlt.

✔ Auf eifersüchtige Reaktionen des Hundes sollten Sie nie mit Strafen reagieren, er wird dann in Zukunft das Kind ablehnen, weil er die Strafen mit dem Kind in Verbindung bringt.
✔ Spiele in Begleitung der Bezugsperson fördern die Freundschaft zwischen Kind und Hund.
✔ Mit etwas Geduld gewöhnt sich auch der ältere Hund gut an ein Kind.

Alter oder junger Hund für das Kind

In einer Familie ist oft der Wunsch der Kinder der eigentliche Grund für die Anschaffung eines Hundes. Dann ist die Auswahl eines älteren Hundes besonders sinnvoll, weil sich Kinder und Hund unterschiedlich schnell entwickeln. Ein junger Hund hat je nach Rasse eine lange Lebenserwartung, muß noch richtig erzogen werden und lebt dann für viele Jahre in der Familie. Ein älterer Hund hingegen ist dem Kind von Anfang an ein guter, zuverlässiger Freund und bleibt den Eltern aber später nicht als Überbleibsel aus Kindertagen erhalten.
Der Charakter ist bei der Auswahl entscheidend, auch wenn bestimmte Eigenschaften bei einigen Rassen besonders ausgeprägt sind.
Beim älteren Tier ist er ja bereits gefestigt, deshalb erlebt man weniger böse Überraschungen. Aussehen, Rasse und Größe kommen erst in zweiter Linie. Wenn ein älterer Hund in die Familie kommt, sollte das Kind auf jeden Fall bei der Wahl dabei sein.

*Schmusen erlaubt -
nach notwendiger
Impfung und
Entwurmung.*

Es ist sehr wichtig, wie der Hund auf Kinder reagiert, er muß unbedingt kinderfreundlich sein. Wenn das Kind den Hund hauptverantwortlich versorgen soll, also auch mit ihm spazierengeht, muß der Hund gut erzogen und auch im Umgang mit anderen Hunden und Tieren möglichst problemlos sein. Die Größe und Kraft des Hundes sollte dem Kind angepaßt sein. Auch sollte das Kind von Anfang an die Pflegearbeiten übernehmen, die vor der Anschaffung festgelegt wurden, damit der Hund das Kind als Bezugsperson anerkennt.

Die Gewöhnung an die Familie

Da Sie den Hund noch nicht richtig kennen, ist während dieser Zeit auf jeden Fall Vorsicht geboten, denn der Hund offenbart seinen Charakter häufig erst nach der Eingewöhnung. Zeigen Sie dem Hund von Anfang an durch Ihr eindeutiges Verhalten (der Hund hat Rechte, muß aber auch Befehle hinnehmen), wo sein Platz in der Rangfolge ist. Er muß auch akzeptieren, daß die Kinder eine höhere Position als er einnehmen. Am Anfang muß beim Spiel das Verhalten des Hundes beachtet werden. Wenn der Hund knurrt oder mit gesträubtem Nackenfell reagiert, wenn Sie ihm den Ball oder das Stöckchen wegnehmen wollen, sollten Sie ihn in Ruhe lassen.

Wenn alle Familienmitglieder mit Rücksicht und Geduld auf den Hund eingehen, wird er ein ein treuer Freund werden.

Andere Tiere

Hunde als Rudeltiere brauchen soziale Kontakte. Diese können sie auch sehr gut zu anderen Tierarten aufbauen. Daraus können sich dann lebenslange Tierfreundschaften entwickeln. Hunde, denen genügend Kontakt zu anderen Tieren ermöglicht wird, reagieren weitaus seltener mit Verhaltensstörungen. Auch wenn der Hund schon älter ist, kann er fast immer noch an einen anderen Hund gewöhnt werden (→ siehe Seite 19). Viele ältere Hunde fangen dann auch wieder an zu spielen und haben deutlich mehr Lebensfreude. Wenn es vom Platz her möglich ist, macht übrigens die Haltung von zwei Hunden kaum mehr Arbeit als ein Hund allein und Spaziergänge mit einem Hundefreund sind viel lustiger. Anschließend

kuscheln die beiden sich dann oft zum erholsamen Schlaf zusammen.

Mit anderen Tieren vertragen sich Hunde ebenfalls sehr gut. Natürlich ist es sinnvoll, die Hunde bereits als Welpen möglichst oft mit verschiedenen Tieren zusammenzubringen. Aber auch ein älterer Hund lernt es mit Geduld, sich an andere Tiere zu gewöhnen. Hunde können dabei sehr gut unterscheiden, welche Tiere zur Familie gehören. So vertragen sich Hunde oft mit den in der Familie lebenden Katzen, während sie fremde Katzen vom Grundstück vertreiben. Dies gilt auch bei kleineren Tieren. Ein Hund, der draußen verbotenerweise gerne einmal hinter einem Kaninchen herläuft, kann mit dem »eigenen« Kaninchen gut befreundet sein. Trotzdem sollte man darauf achten, daß Hunde nur dann mit anderen Tieren allein gelassen werden, wenn sie garantiert aneinander gewöhnt sind und Sie sich auf den Hund völlig verlassen können. Hunde bewachen dann als Beschützer von Haus und Hof auch die darin lebenden Menschen und Tiere.

Ältere Hunde und kleine Tiere

Meerschweinchen, Mäuse, kleine Vögel und andere Kleintiere sollten Sie grundsätzlich nur unter Aufsicht freilassen, wenn sich der Hund im gleichen Zimmer befindet, denn die Verletzungsgefahr beim Spiel ist in diesem Fall doch sehr groß. Der Instinkt des Hundes kann dann plötzlich durchbrechen und er fügt seinem kleinen Freund ungewollt und unbewußt Schaden zu. Manchmal werden auch Kaninchen oder Papageien etwas zu mutig und sie beißen oder hacken den Hund, der sich dann logischerweise

Liebe zwischen Hund und Katze ist gar nicht so selten. Es entstehen oft tiefe Freundschaften, die ein Leben lang halten.

verteidigt. In diesen Fällen kann es zu Unfällen führen, bei denen der kleinere Gefährte umkommen kann. Wenn Sie die möglichen Gefahren beachten und entsprechend vorsichtig sind, gibt es auch zwischen Hunden und den unterschiedlichsten Kleintieren tiefe Freundschaften. Oft übernimmt der Hund auch einen Teil der Pflege, indem er seine Tiergefährten putzt, sie wärmt, aus seinem Napf fressen läßt und sie verteidigt.

Ältere Hunde spielen auch häufig bei Tierkindern die Mutter. Nicht selten zieht eine Hündin mit ihren eigenen Welpen auch mutterlose Welpen einer anderen Hündin oder andere Tierkinder auf. Auch Hündinnen ohne Welpen und einige Rüden zeigen dieses Verhalten.

»Komm´ doch, wenn du dich traust! Ich habe keine Angst« scheint das Kätzchen zu sagen.

Den Freundschaften zwischen Hunden und anderen Tieren sind somit also keine Grenzen gesetzt. Und nicht nur mit kleinen Heimtieren, sondern auch mit großen Nutztieren wie Pferden, Schafen, Ziegen und Kühen sowie mit Wildtieren können sich Hunde gut vertragen und ihren Beschützerinstinkt ausleben.

Hunde sind nicht gern allein

Hunde fühlen sich im Rudel am wohlsten und bleiben ungern allein. Bestimmte Lebensumstände erfordern jedoch genau das und der

TIP

Kind und Hund

Für die kindliche Entwicklung ist es gut, mit Hunden aufzuwachsen. Kinder lernen durch die Verantwortung und Rücksicht, die das Lebewesen Hund von ihnen fordert, soziales Verhalten. Dies wird noch gefördert, wenn das Kind seinem Alter entsprechend Fütterung und Pflege regelmäßig übernimmt. Bis zur Kindergartenzeit sollten die Eltern beim Spiel dabei sein, dann kann das Kind unter Aufsicht auch schon beim Füttern helfen. Schulkinder übernehmen ein wenig mehr Verantwortung. Sie bürsten den Hund oder reichen durchaus schon selbst den Futternapf. Bevor ältere Kinder den Hund allein spazierenführen, muß das Verhalten des Hundes ausreichend bekannt sein. Dabei muß auch die Größenrelation Kind/Hund ausgewogen sein, kleinere Kinder sollen keine großen Hunde führen. Es darf niemals bei unvorhergesehenen Situationen gefährlich werden.

Im Umgang mit Hunden lernen Kinder Verantwortung zu übernehmen.

Hund ist dann über viele Stunden allein. Sie können ihm die Wartezeit verkürzen, indem Sie ihm Tierkameraden geben. Zwitschernde Wellensittiche im Käfig sind da eine willkommene Gesellschaft und Abwechslung. Alle Hunde, auch ältere, sind in der Regel glücklicher und bereiten weniger Verhaltensprobleme, wenn sie im Haushalt mit anderen Tieren zusammengehalten werden.

Urlaubsreisen

Der Urlaub mit einem älteren Hund ist eine Zeit der Entspannung und Freude. Die gemeinsame Zeit wird besonders intensiv erlebt.
Besonders der ältere Hund, der eine tiefe Bindung an seinen Besitzer und die Familienmitglieder hat, möchte im Urlaub nicht gerne alleine sein. Auch wenn er nicht mehr so leistungsfähig wie in jungen Jahren ist, macht ein gemeinsamer Urlaub viel Freude. Wann sonst hat man einmal unbegrenzt Zeit, sich mit dem Tier zu beschäftigen. Ausgiebige Spaziergänge und Spiele machen Spaß und vergrößern den Urlaubsgenuß.
Um einen erfolgreichen Urlaub mit dem Hund zu erleben, sollten die folgenden Punkte beachtet werden:

Bei der Wahl des Urlaubsziels ist abzuwägen, ob es für den älteren Hund nicht zu anstrengend ist, wenn Sie fliegen und ob wirklich eine Flugreise für Sie notwendig ist. Die Einreisebestimmungen in das jeweilige Land müssen Sie immer aktuell erfragen. Wägen Sie immer Dauer des Urlaubs mit der Anfahrtsdauer zum Urlaubsziel ab.

Die Fahrt in den Urlaub sollte nicht zu lange dauern oder aber genügend Pausen enthalten, um den Hund ausreichend zu bewegen und ihn zwischendurch auch einmal entspannen zu lassen. Während der Fahrt braucht der Hund auch genügend Platz, um sich umzudrehen und anders hinzusetzen. Nehmen Sie auch vorsorglich die entsprechenden Medikamente mit, falls dem Hund bei der Reise schlecht wird.

Futter sollte während der Fahrt gar nicht oder nur in kleinen Mengen verabreicht werden, damit Magen und Darm nicht so belastet sind. Besonders bei empfindlichen Hunden empfiehlt es sich, das gewohnte Futter mitzunehmen oder die zu Hause übliche Marke zu kaufen, damit Magen und Darm sich nicht für eine relativ kurze Zeit umstellen müssen.

Trinkwasser wird häufig und in ausreichender Menge angeboten, denn der Hund schwitzt wie Sie im warmen Auto und braucht deshalb mehr Wasser.

In den ersten Tagen wird der Hund nicht durch ungewohnte große körperliche Anstrengungen überlastet. Er muß sich erst an die neue Umgebung und das Klima gewöhnen. Die Aktivitäten können langsam gesteigert werden. Sie sollten ihn aber - selbst, wenn er sehr gehorsam ist - zu Beginn am Urlaubsort an der Leine führen, denn er kennt sich nicht aus und wird sich teilweise nur schwer in der Umgebung orientieren können. Für den Besitzer ist es immer schwierig – besonders im Ausland – den entlaufenen Hund wieder zu finden.

VERSORGUNG IM URLAUB

Oft ist es nicht möglich, den Hund mit in den Urlaub zu nehmen. Dann sollten Sie frühzeitig Vorsorge treffen. Der Hund kann auch alleine in der Wohnung bleiben, wenn er dreimal täglich von einer vertrauenswürdigen, dem Hund bekannten Person versorgt wird. Eine Unterbringung in der Nachbarschaft ist generell zu bevorzugen. Ist dies nicht möglich, sollte der Hund bei Spaziergängen nicht von der Leine gelassen werden. Nehmen Sie ihn in die Wohnung der Betreuungsperson mit und gehen Sie dort bereits vorab mit ihm spazieren. Der Hund wird sich mit der Situation abfinden und den Urlaub ohne größere Probleme überstehen.

In Pensionen oder Tierheimen müssen Sie den Hund selbstverständlich frühzeitig anmelden, um ihm einen Platz zu sichern. Beides sollte vorher auch von Ihnen gründlich geprüft werden, damit Sie keine bösen Überraschungen erleben. Informationen über die Pensionen oder Tierheime können Sie bei Ihrem Tierarzt erhalten. Bei der Unterbringung in Pensionen oder Tierheimen gilt: Vertrauen ist gut, vorherige Kontrolle ist besser.

Ernährung des Hundes

Eine gesunde Ernährung bereits ab dem Welpenalter ist eine gute Grundlage, den Hund für viele Jahre gesund und fit zu erhalten.

Im Alter verändert sich der Organismus langsam, der Energie- und Nährstoffbedarf ist reduziert, die Muskelmasse nimmt ab, der Fettanteil des Körpers steigt, die Aktivitäten gehen langsam zurück, der Stoffwechsel verlangsamt sich. Deshalb muß die Energiezufuhr reduziert und die Ernährung darauf abgestimmt werden. Es ist dabei sinnvoll, die gewohnte Ernährung möglichst lange beizubehalten bzw. dem Zustand des Hundes langsam anzupassen. Nahrungsergänzungsmittel und hochwertigeres Futter werden dem üblichen Futter in immer höherer Menge beigemischt. Der Hund lehnt die Nahrung dann nicht ab und der Körper wird durch eine Umstellung nicht unnötig belastet. Ein Beispiel für ein gut verträgliches Grundrezept ist je ein Drittel Fleisch (z. B. Pute, Hähnchen), Reis, Magerquark und ein Teelöffel Olivenöl, das mit verschiedenem Gemüse, Mineralien, Vitaminen angereichert werden kann. Wie beim Menschen müssen Sie auch hier auf ausreichende Abwechslung achten.

Wichtige Bestandteile

Ältere Hunde brauchen ausreichende Mengen an bestimmten Nährstoffen und Mineralstoffen. Hier können sowohl Unter-, als auch Überversorgung Probleme verursachen.

✔ Zuviel Natrium sollte beispielsweise vermieden werden, wenn die Tiere unter Herz- oder Nierenerkrankungen leiden.

✔ Unterversorgung mit Magnesium kann das Herz-Kreislaufrisiko erhöhen.

✔ Überversorgung mit Phosphor beschleunigt ebenfalls eventuell eine Nierenerkrankung.

✔ Kalziumunterversorgung führt möglicherweise zu früherem Zahnverlust.

✔ Spurenelemente sind für eine ausgewogene Ernährung wichtig. So haben ältere Hunde einen höheren Zinkbedarf, um die Regenerationsvorgänge im Körper aufrecht zu erhalten.

✔ Vitamine sollten dem Hundesenior regelmäßig zugeführt werden, um so die gleichmäßige Versorgung zu gewährleisten.

✔ Weniger, aber hochwertigeres Eiweiß (enthalten in magerem, gekochtem und knochen- bzw. grätenfreiem Fleisch wie Hähnchen, Pute oder Fisch) schont die Nieren.

Im Zoofachhandel sind viele verschiedene Futtermittel, dabei teilweise auch Spezialnahrung für ältere Hunde erhältlich, in denen diese Bestandteile enthalten sind. Bei einer ausschließlichen Fütterung mit Trockenfutter ist unbedingt auf ausreichende Flüssigkeitsaufnahme zu achten. Beim Tierarzt und im Fachhandel erhalten Sie auch Nahrungsmittel für die unterschiedlichen Erkrankungen sowie für Rekonvaleszenten und zur Gewichtsreduktion.

*Die Qual der Wahl... Lecker-
lis sollten nur in Maßen
gegeben werden.*

Für den Hund kochen

Immer öfter werden bei Hunden Allergien beobachtet. Zur Vorsorge und im Allergiefall können Sie das Futter auch selbst zubereiten. Falls Sie bei der Dosierung von Mineralstoffen, Spurenelementen und Vitaminen unsicher sind, gibt es im Handel Nahrungsergänzungsmittel. Ihr Tierarzt gibt Ihnen dazu auch Nahrungsmittel an, wie weißes Fleisch, Fisch, Rindfleisch, Milchprodukte, hochwertige Pflanzenöle und Gemüse (z.B. Gurken, gekochte Kartoffeln, Knoblauch, rohe Möhren, wenig rohe oder gekochte Paprika, Salat, Sauerkraut usw.), Reis und Getreideprodukte. Sie können so auch im Krankheitsfall das Futter gezielt auf die Erkrankung abstimmen. Generell wird nicht zu stark gewürzt.

Hunde spielen begeistert bis ins hohe Alter. So bleibt die Lebensfreude lange erhalten.

Wasser – ein Lebensquell

Wie bei anderen Lebewesen ist auch bei Hunden ausreichendes Trinken sehr wichtig, da nur so die Schadstoffe ausgeschwemmt werden und der Körper aktiviert wird. Wenn Sie beobachten, daß der Hund Wasser ablehnt oder nur in geringen Mengen aufnimmt, bieten Sie ihm verschiedene Brühen an oder reichern Sie sein Futter mit diesen oder mit Wasser an. Wenn der Hund dagegen auffällig mehr trinkt als sonst, kann dies auch ein Hinweis auf eine Nierenerkrankung sein.

Wann füttern?

Grundsätzlich sollten dem älteren Hund immer
mehrere kleine Mahlzeiten am Tag angeboten
werden, denn kleine Mengen belasten den Körper des Hundes weniger und fördern seine Gesundheit. Die Ernährung eines älteren Hundes
sollte generell leicht verdaulich und gut ver-
träglich sein. Lassen Sie den Hund nach jeder
Mahlzeit ruhen, um eine gute Verdauung zu
gewährleisten. Vor Spaziergängen und körperlichen Betätigungen sollten Sie den Hund nicht
füttern. Diese Art der Ernährung ist auch bei
Krankheiten empfehlenswert, um den Hund
nicht unnötig zu belasten.

Wenn Ihr Hund nachts öfter hinaus muß, geben
Sie ihm abends ebenfalls nur noch wenig.

*Es findet sich überall ein ruhiges und beque-
mes Plätzchen für eine kleine Pause.*

Spezielle Schonkost

Neben der normalen Reduzierung des Energie-
bedarfes bei einem älteren Hund erfordern
auch die unterschiedlichsten Krankheiten eine
besondere Ernährung.

Magen- und Darmerkrankungen äußern sich
ganz verschieden. Erbrechen nach zu fetten,
reichhaltigen Mahlzeiten, Magenschmerzen,
Durchfall oder Verstopfungen sind nur einige
ausgewählte Beispiele. Die Ernährung muß hier
auf den speziellen Fall abgestimmt werden. Generell empfehlenswert ist eine leichte Ernäh-

rung mit genügend Ballaststoffen. Füttern Sie hier Reis, Hähnchen und Magerquark zu.

Leber- und Nierenerkrankungen machen eine Diät erforderlich, die die Organe schont und ihre Tätigkeit erleichtert. Dazu gehört wenig, aber hochwertiges Eiweiß (Hähnchen, Pute, Fisch) und ein Kohlehydratanteil von 75%.

Herzerkrankungen erfordern eine leichte Ernährung mit wenig Salz, damit Körper und Herz nicht unnötig belastet werden. Für die Ernährung eignet sich das weiße Fleisch von Hähnchen und Pute, Fisch, Magerquark, Hüttenkäse, gemeinsam mit Reis oder Nudeln. Auch Getreide und Gemüseflocken sind geeignet. Bei Herz- und Kreislauferkrankungen helfen außerdem stabilisierende Kreislaufmittel wie Weißdorn. Vorab sollte der Tierarzt jedoch eine gründliche Untersuchung durchführen.

Erkrankungen und Probleme des Bewegungsapparates nehmen im Alter zu. Einige Erkrankungen, wie beispielsweise Hüftgelenksdysplasie (HD) verschlimmern sich. An der Wirbelsäule entstehen Verknorpelungen. Schmerzhafte Arthrose befällt häufig die Gelenke. Auch wenn Erkrankungen der Knochen mit Ernährung nicht allein zu heilen sind, so kann die Ernährung hier doch einen großen Beitrag zur Vorbeugung leisten. Beim Tierarzt und in Zoogeschäften sind Zusatzfutter erhältlich, die gezielt den Knochen- und Knorpelaufbau fördern. Sie sollten schon während der Welpenzeit verabreicht werden. Allerdings ist es auch bei einem älteren Hund noch sinnvoll, diese Mittel zu verabreichen. Knorpelfleisch vom Kalb oder Rind und Kalbsknochen eignen sich ebenfalls. Knochen sollten nur in kleinen Mengen gegeben werden, da sie zu Verstopfungen führen können.

Gewichtsprobleme entstehen durch die verringerte Bewegung und den geringeren Energiebedarf. Eine Nahrungsumstellung oder Reduktion auf den wirklichen Bedarf ist hier sehr wichtig.

Checkliste
Ernährung

1 Ältere Hunde haben einen reduzierten Energiebedarf, deshalb ist die Futtermenge anhand einer Gewichts- und Gesundheitskontrolle zu reduzieren. Dies gilt auch für die Kalorien.

2 Da der Hund an eine bestimmte Futtermenge gewöhnt ist, werden energiereiche Nahrungsmittel teilweise durch energiearme Nahrungsmittel ersetzt.

3 Der ältere Hund sollte möglichst leichtverdauliches Futter erhalten.

4 Beachten Sie bei Erkrankungen die erforderliche Diät. Diätpläne und Diätfutter erhalten Sie beim Tierarzt und in guten Zoofachgeschäften.

5 Achten Sie auf ausreichende Versorgung mit Vitaminen, Mineralstoffen und Spurenelementen.

6 Ältere Hunde neigen teils zu verminderter Wasseraufnahme. Reichern Sie das Futter mit Wasser oder Brühe an, damit er genügend Flüssigkeit aufnimmt.

Gute, sinnvolle Pflege gewährleistet, daß der Hund sich wohlfühlt und Krankheiten besser übersteht. Sie soll trotzdem einfach und ohne großen Zeitaufwand möglich sein.

Die Pflege eines älteren Hundes ist meist weniger aufwendig als die Pflege eines Welpen oder Junghundes. Die meisten Aufgaben erledigt der Hund alleine. Einige Körperteile erfordern allerdings etwas mehr Aufmerksamkeit.

Gesichtspflege
Augen, Ohren, Rachenraum und Zähne müssen mehr beachtet werden. Ältere Hunde neigen eher zu verklebten Augen. Den Bereich um die Augen sollten Sie immer gründlich mit warmem Wasser oder einem entsprechenden Pflegemittel (erhältlich im Zoofachhandel und beim Tierarzt) und einem fusselfreien Baumwolltuch säubern. Klären Sie bei Augenproblemen aber vorher ab, ob eine Erkrankung vorliegt, die behandelt werden muß. Auch die Ohren müssen teilweise häufiger gesäubert werden. Hierzu erhalten Sie im Zoofachhandel und beim Tierarzt geeignete Pflegemittel. Niemals spitze Gegenstände zur Reinigung verwenden.

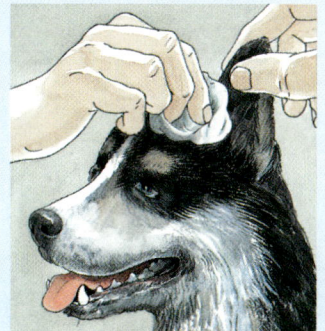

Saubere Ohren verhindern Ohrenentzündungen.

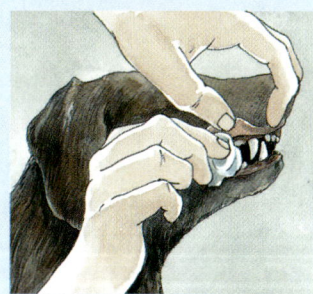

Zahnpflege dient der Gebißerhaltung bei älteren Hunden.

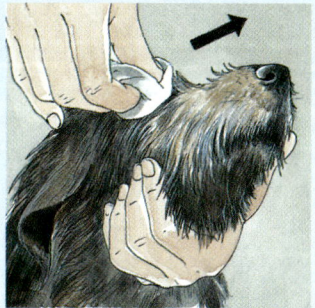

Das geschlossene Auge wird in Richtung Nase gesäubert.

Auch ein Hund kann Zahnschmerzen durch schadhafte Zähne haben. Eine regelmäßige Zahnkontrolle mit entsprechender Pflege, wie beispielsweise das regelmäßige Kauen von Kauknochen, Kalbsknochen oder getrockneter Pansen reinigt die Zähne und kräftigt das Zahnfleisch. Schauen Sie dem Hund auch regelmäßig in die Schnauze, um abgebrochene Zähne, Zahnstein oder entzündetes Zahnfleisch frühzeitig zu erkennen. Wenn Ihr Hund öfters zu Problemen mit den Zähnen und dem Zahnfleisch neigt, sollten Sie mit dem Tierarzt über Zahnhygiene sprechen. In einigen Fällen ist der Einsatz einer Zahnbürste durchaus sinnvoll, sonst können Sie die Zähne wie auf der nebenstehenden Abbildung mit einem fusselfreien Lappen, den Sie sich um den Finger wickeln, selbst reinigen. Wenn Schwierigkeiten bei der Futteraufnahme auftreten, sollte der Tierarzt ebenfalls aufgesucht werden. Zahnprobleme entstehen auch häufig durch das Spielen mit Steinen. Zahnbehandlungen können fast nur unter Vollnarkose vorgenommen werden. Kontrollieren Sie deshalb den Mund- und Rachenraum besonders gründlich, um erforderliche Zahnbehandlungen mit anderen Eingriffen zu kombinieren und unnötige Belastungen zu vermeiden.

Da der ältere Hund nicht mehr so viel läuft, nützen sich die Krallen weniger ab und der Hund kann nicht mehr richtig laufen. Außerdem werden die Pfoten so auch gespreizt. Deshalb müssen die Krallen vom Tierarzt geschnitten werden. Sie können es auch selbst lernen, sollten es sich aber zuvor vom Tierarzt zeigen lassen.

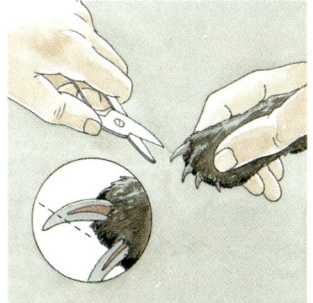

Schneiden Sie die Krallen ihrer natürlichen Form entsprechend.

Baden

Wenn nicht gerade Hautprobleme, Parasiten oder starke Verunreinigungen ein Bad erforderlich machen, sollte der Hund nur sehr selten (etwa ein - zweimal im Jahr) gebadet werden. Das reicht zur Fellpflege völlig aus. Anders ist es, wenn der Hund gerne in einem See oder Teich badet. Dies sollte ihm ruhig gewährt werden. Wenn der Hund sich auf dem Weg nicht ganz trockengelaufen hat, wird er zu Hause gut abgetrocknet. Nur wenn er davon gesundheitliche Probleme wie Schmerzen an den Gelenken bekommt, müssen die Badefreuden reduziert werden.

Pflegemittel

Im Handel sind eine Vielzahl von Pflegemitteln erhältlich. Ein Pflegeshampoo, je nach Bedarf auch gegen Ungezie-

fer, kann verwendet und bei jedem Bad mit einigen Tropfen Olivenöl oder Kürbiskernöl verbessert werden. Zwei oder drei Tropfen Teebaumöl zusätzlich wirken gegen Ungeziefer und lassen kleine Verletzungen besser abheilen.

Schlafplatz

Zur Pflege gehört auch die Reinigung des Schlafplatzes. Durch gesundheitliche Probleme kann es zu einer schnelleren Verschmutzung von Decken und Liegeplätzen kommen. Decken und Liegeplätze sollten wöchentlich, bei Bedarf auch häufiger, gründlich gereinigt werden, damit der Hund sich wohlfühlt.

Bürsten

Es ist ganz normal, daß das Fell bei einem älteren Hund etwas an Glanz und Schönheit verliert. Teilweise wird es dünner, um die Schnauze herum zeigen sich graue Haare. Das Tier sieht älter aus. Der Hund wird wie gewohnt regelmäßig, etwa einmal wöchentlich, gebürstet. Dazu sollten keine Sprays oder andere parfümierte Fellpflegeprodukte verwendet werden. Bürsten regt auch den Kreislauf und die Durchblutung der Haut an.

Fellpflege verhindert das Verfilzen des Fells.

VERHALTEN UND BESCHÄFTIGUNG

Ein Hund soll und möchte Freund und Beschützer des Menschen sein. Diese Aufgabe wird von Hunden jeden Alters mit Freude und Ernst gerne erfüllt. Dafür sollte der Mensch Verständnis und ausreichend Zeit für ihn aufbringen, damit beide ihren Spaß am Zusammenleben haben.

Der ältere Neuankömmling

Ein Hund ist nie zu alt, um sich noch an eine neue Umgebung zu gewöhnen. Er wird sein Verhalten gerne den Wünschen seiner neuen Familie anpassen. Dazu muß man allerdings wissen, daß das Verhalten des älteren Hundes bereits gefestigt ist und aus seinem Charakter, seinem Lernen und seinen bisherigen Erfahrungen resultiert. Sagen Sie dem neuen Familienmitglied deshalb deutlich und liebevoll, was Sie von ihm erwarten und haben Sie etwas Geduld, wenn der Hund sich in Ihrer Familie nicht gleich so verhält, wie Sie es wünschen. Er muß erst lernen, daß sein bisheriges Verhalten plötzlich falsch ist, denn Hundebesitzer haben sehr unterschiedliche Vorstellungen darüber, wie sich ein Hund zu verhalten hat. In der neuen Familie kann das für den Hund dann zuerst zum Problem werden. Er wird auch erst seinen Platz in der Rangfolge suchen und dabei den Versuch machen, sich möglichst weit oben anzusiedeln, also unter der Person, die er für den Rudelführer hält. Dies muß durchaus nicht immer die Person sein, die für Futter, Wasser und Spaziergänge verantwortlich ist.

In der Regel kann man sich jedoch gut auf das Verhalten eines älteren Hundes einstellen, weil es überschaubar ist und er sich nicht mehr so stark und so schnell wie ein Welpe entwickelt. Allerdings kann es auch bei älteren Hunden zu positiven oder negativen Überraschungen kommen. Hier ist dann der neue Besitzer gefordert.

Hunde besser verstehen

Beim Verhalten unterscheidet man die verschiedenen Ausdrucksmöglichkeiten des Hundes. Die Körpersprache ist das wirkungsvollste Ausdrucksmittel des Hundes. Er setzt sich mit seinem ganzen Körper ein, um seine Wünsche deutlich zu machen und seine Ziele zu erreichen. Positive und auch negative Signale werden so ausgesendet.

✔ Der Schwanz hat dabei sicherlich die größte Ausdruckskraft. Durch Wedeln drückt er Freude, Begeisterung und auch Offenheit für Zuwendung und Ansprache aus.

✔ Der Hund wedelt auch, wenn er gerufen wird, aber nicht kommt. Er sagt damit: »Ich habe Dich gehört, habe aber noch keine Zeit!«.

✔ Außerdem dient das Schwanzwedeln auch

Genügend Bewegung hält den älteren Hund gesund und macht sein Leben interessant.

der Entschuldigung und zur Besänftigung und sagt: »Es tut mir leid. Sei doch wieder lieb. Ich war es nicht.«

✔ Wenn der Hund Angst hat, zieht er den Schwanz so weit unter den Bauch, daß dieser teilweise nicht mehr zu sehen ist.

✔ Die Schnauze ist ein weiteres Signal. Sie stoßen teilweise mit großer Kraft beispielsweise gegen den Arm des Besitzers. Dies ist eine Aufforderung zum ausgelassenen Spiel oder zu Zärtlichkeiten.

✔ Hunde setzen auch häufig ihre Zunge ein. Sie lecken vor Freude, aber auch aus Zärtlichkeit.

Die Körperhaltung des Hundes zeigt Ihnen genau, was er möchte:

Spiel und Spaß mit dem geliebten Menschen sind für den Hund der Himmel auf Erden.

✔ Er fordert Sie zum Spiel auf, wenn er vor Ihnen steht und die Vorderbeine dabei ganz auf dem Boden liegen (→ siehe Seite 43). Dabei vollführt er oft lustige Sprünge oder umkreist Sie. So verhält sich auch der ältere Hund noch häufig. Auf diese freundliche Aufforderung sollten Sie so oft wie möglich eingehen.

✔ Zur Verstärkung der Einladung zu Spiel und Zuwendung setzt der Hund auch oft die Vorderpfote ein und tritt damit nach Ihnen. Einige Hunde arbeiten sehr oft mit der Pfote, auch, wenn sie hinaus oder hinein möchten.

✔ Im Zusammenleben mit anderen Hunden bestimmt oft das Imponiergehabe das Kennenlernen. Der Hund macht ganz steife Beine und reckt sich zu einer nicht wirklich vorhandenen Größe. Damit will er den Neuen einschüchtern.
Die Mimik des Hundes ist sehr ausgeprägt:
✔ Neben Zähne zeigen, Nase kräuseln und Lefzen hochziehen, den Zeichen für Aggressionen oder Unsicherheit, gibt es auch die Aufforderung zum Spiel, die sehr ähnlich aussieht. Der Hund »lacht« mit hochgezogenen Lefzen.
✔ Indem Hunde die Mundwinkel nach hinten oder nach vorne zieht, bitten sie um Verzeihung.
✔ An aufgerichteten, nach vorne zeigenden Hundeohren erkennt man Aufmerksamkeit und Selbstbewußtsein. Es kann auch als Drohung gelten. Nach hinten angelegt signalisieren sie Unterwürfigkeit oder ein schlechtes Gewissen.
✔ Die Augen spiegeln die Seele wider und drücken mit sanftem Blick Liebe und Vertrauen aus. Bei Aggression und Aufmerksamkeit wird der Blick starr.
Daneben hat jeder Hund aufgrund seiner speziellen Persönlichkeit viele eigene Ausdruckmöglichkeiten, die ihn besonders liebenswert machen, da die Gesten dem Besitzer vertraut sind.

Die Sprache des Hundes

Bellen ist die wichtigste Lautäußerung des Hundes. Der Hundebesitzer wird sehr schnell wissen, was der Hund damit sagen will. Bellen

Spielsachen verhindern unliebsame Über-raschungen.

TIP

Lebensfreude

Lebensfreude gehört für Mensch und Tier zu den wichtigsten Dingen im Leben. Im Zusammenleben von Mensch und Hund ist die Lebensfreude vorprogrammiert.
Im gemeinsamen Spiel und in ruhigen Stunden des Zusammenseins steigt das Wohlbefinden von Mensch und Hund. Dazu gehört aber auch, daß der Hund sich familiengerecht benimmt. Nutzen Sie die Zeit mit Ihrem Hund für intensive Beschäftigung. Nicht allein die Quantität der Stunden zählt, sondern mehr die Qualität. Eine schöne Stunde bringt mehr Freude und Gewinn als mehrere Stunden, in denen man nur nebeneinander herlebt.

kann auch zum Spielen auffordern, wird aber von den meisten Hunden verwendet, um anzuzeigen: »Achtung, hier bin ich!« oder »Hallo, ich habe Dich gesehen!«.
Jaulen ist meist ein Zeichen von Unzufriedenheit. Der Hund fühlt sich allein, möchte Zuwendung haben oder leidet unter Schmerzen.
Heulen drückt Alleinsein aus. Manche Hunde heulen auch mit Vorliebe nachts. Es verstummt aber schnell wieder, wenn man die Hunde anspricht.

DOLMETSCHER

Der Hund hat zwei Möglichkeiten, sich Ihnen verständlich zu machen: durch Lautäußerung oder seine Körpersprache.

 Dieses Verhalten zeigt mein Hund.

 Was bedeutet das bei meinem Hund?

 So reagiere ich richtig auf sein Verhalten!

Der Hund heult pausenlos.
Er fühlt sich einsam und unzufrieden.
Bieten Sie ihm Beschäftigung an.

 Der Hund kommt mit einem Ball.
 Er fordert zum Spiel auf.
 Spielen Sie einige Zeit mit ihm.

 Ein älterer Hund begegnet einem Welpen.
 Der Welpe nimmt Kontakt auf.
 Die Hunde gewähren lassen.

 Der ältere Hund interessiert sich für seine Umwelt.
 Er nimmt auch im Alter interessiert Anteil an seiner Umwelt.
 Gönnen Sie ihm die Freude.

👁 Älterer Hund und Kind beim Spaziergang.
❓ Kind und Hund erleben gemeinsam die Umwelt.
❗ Lassen Sie sie gewähren, wenn keine Gefahr besteht.

Der Hund schläft 👉 mit einer Katze auf seiner Decke.
Der Hund genießt ❓ die Ruhe.
Fördern Sie die ❗ Freundschaften Ihres Hundes.

👆 Der Hund liegt an einem ruhigen Platz.
❓ Er ruht sich aus, ist aber aufmerksam.
❗ Nicht stören.

👁 Zwei Hunde ziehen gemeinsam los.
❓ Die beiden wollen was erleben.
❗ Nicht unbeaufsichtigt lassen.

👆 Der Hund zieht seinen Schwanz ein.
❓ Er ist ängstlich und unsicher.
❗ Beruhigen Sie ihn.

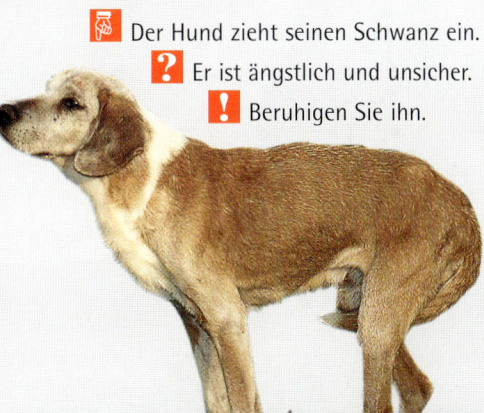

Die richtige Erziehung

Gute Erziehung garantiert ein angenehmes Zusammenleben. Das gilt auch für den älteren Hund, der sich mit etwas Geduld noch genauso gut wie ein Welpe oder Junghund erziehen läßt, wenn die bisher erfolgte Erziehung mangelhaft war. Ein gut erzogener Hund kann seinen Herrn überall hin begleiten. Er benimmt sich so, daß er nicht unangenehm auffällt, keine Gefahr für seine Umwelt ist und allen Situationen gewachsen ist. Deshalb ist es wichtig, auch einen älteren Hund noch zu erziehen oder auf die Einhaltung der »abgesprochenen« Regeln zu achten.

Der ältere Hund ist natürlich durch seine Erfahrungen und seine bisherige Erziehung geprägt. Wenn Sie den Hund erst als älteres Tier zu sich genommen haben, wird er teilweise bereits von einer oder mehreren Personen erzogen worden sein. Vermutlich hat jede dieser Personen eine bestimmte Methode bevorzugt, Wert auf ein bestimmtes Verhalten gelegt und den Hund danach erzogen. Diese Methode und das Verhalten muß nicht unbedingt Ihren Wünschen entsprechen. Aber auch hier ist es noch möglich, auf die eigene Erziehungsmethode umzustellen. Allerdings ist das für den Hund schwer, da er die andere Erziehung oft über viele Jahre hin gelernt hat. Aber als guter Kamerad des Menschen ist ein älterer Hund bereit und in der Lage, noch fast alles zu lernen.

Nicht jeder Hundebesitzer möchte gleich in einem Hundesportverein Mitglied werden. Aber auch ohne Verein können Sie Ihrem Hund eine Vielzahl Dinge wie beispielsweise Spuren suchen, Menschen suchen und Sachen apportieren beibringen. Spornen Sie ihn einfach an, wenn er etwas sucht. Die Erziehung des Hundes kann eine wunderbare Beschäftigung für Hund und Besitzer werden.

Erziehungstips

✔ Eine Grundregel der Hundeerziehung lautet: Hunde werden durch Lob und nicht durch Tadel erzogen. Je aggressiver der Hund erzogen wird, desto mehr Gegenwehr wird er Ihnen entgegensetzen oder im schlimmsten Fall an der Methode zerbrechen.

✔ Der Hund wird dann gelobt, wenn er die Übung mit dem gewünschten Erfolg erledigt. Bei Mißerfolg wird er trotzdem freundlich behandelt, in keinem Fall gestraft. Wer seinen Hund bei mißlungenen Übungen lobt, verwirrt ihn nur.

✔ Auch bei einem älteren Hund hat sich die spielerische, freundliche Methode bewährt, wobei der Hund im Spiel zu den Dingen bewegt wird, die er machen soll. Dazu geben Sie dann das entsprechende Kommando, motivieren den Hund dabei mit aufmunternder Stimme und gelegentlich auch mit einem Leckerbissen. Hat der Hund die Aufgabe erfolgreich gelöst, wird er ebenfalls wieder ausführlich gelobt. Der Fachmann nennt diese Methode die positive Konditionierung. Hier gilt, Übung macht den Meister. Die gewünschten Befehle gehen so automatisch in das Bewußt-

Am bequemsten ist es doch in den vertrauten Armen von Frauchen.

sein des Hundes über und er wird so reagieren, wie Sie es von ihm erwarten.

✔ Wichtig für das Zusammenleben ist in erster Linie, wie der Hund sich im normalen Leben verhält. Dazu gehört, daß er auf einige Befehle hört, die unerläßlich sind. Der Hund muß auf Ihren Befehl hin kommen, sich hinsetzen und auch bei Fuß gehen können. Nur dann können Sie ihn auch einmal ohne Leine laufen lassen. Sinnvoll ist es auch, ihm einen Platz anzuweisen; auf diese Weise können Sie zu Hause und unterwegs verhindern, daß er sich ständig die falschen Plätze aussucht und so unangenehm auffällt.

✔ Mit Geduld wird der ältere Hund fast alle Dinge tun, die Sie von ihm wünschen. Es ist aber nicht sinnvoll, über mehrere Wochen lang einen Befehl täglich stundenlang zu üben. Ab-

Im gemeinsamen Spiel können viele Verhaltensprobleme abgebaut werden.

wechslung hält das Interesse an der Zusammenarbeit wach. Die gelungenen Befehle werden regelmäßig wiederholt, damit sie nicht wieder in Vergessenheit geraten.

✔ Welche Kommandos Sie für die einzelnen Übungen wählen, liegt in Ihrem Ermessen. Der Hund ist auch durchaus in der Lage, auf mehrere (natürlich nicht zu viele) Kommandos zu hören, wie er ja auch auf seinen Namen und eine Menge Kosenamen hört. Bewährt haben sich im täglichen Umgang kurze Befehle, die freundlich ausgesprochen werden.

✔ Tiere sollten bei der Futteraufnahme nicht gestört werden. Trotzdem muß es dem Besitzer

Verhaltensprobleme

Verhaltensproblem	Lösung
Der Hund bellt den ganzen Tag.	Verbieten Sie energisch, wenn der Hund bei falschen Anlässen bellt. Parallel sorgen Sie für ausreichend Beschäftigung.
Der Hund verteidigt seinen Freßnapf oder seinen Schlafplatz.	Versuchen Sie, durch ein Tauschgeschäft die Probleme nachhaltig abzustellen. Loben Sie ihn für richtiges Verhalten.
Der Hund ist unsauber.	Versuchen Sie herauszufinden, warum der Hund so reagiert. Gehen Sie regelmäßig öfter mit ihm raus, bis er sein Geschäft erledigt hat, dann überschwenglich loben. Gesundheitliche Probleme abklären lassen. Achten Sie auf seinen Rhythmus.
Der Hund gehorcht einfach nicht.	Der Hund erkennt Sie nicht als ranghöheres Rudelmitglied an. Konsequente, liebevolle Erziehung ist nötig.
Der Hund heult, wenn er alleine ist.	Gewöhnen Sie ihn langsam an das Alleinsein. Bieten Sie ihm während Ihrer Abwesenheit Beschäftigung an, beispielsweise einen Kauknochen.
Der Hund stiehlt.	Verführen Sie ihn nicht. Wenn er etwas stehlen will, erschrecken Sie ihn mit einer Wasserpistole oder einem lauten Geräusch.
Der Hund duldet keine anderen Tiere in seiner Umgebung.	Üben Sie mit ihm den Kontakt zu anderen Tieren, beispielsweise in einer Hundeschule.

möglich sein, seinem Tier einen Knochen oder ähnliches wegnehmen zu können. Das ist sehr wichtig, falls der Hund einmal etwas frißt, das ihm nicht zuträglich ist und das er nicht fressen soll. Diese Übung ist für viele Hunde nur schwer zu erlernen, da hier der normale Verteidigungsreflex angesprochen wird. Bieten Sie dem Hund in der Lernphase etwas anderes zum Austausch an, damit er sich daran gewöhnt, daß Sie sein Futter nehmen. Er sollte es im Übungsfall aber immer nach kurzer Zeit (höchstens ein bis zwei Minuten) zurückerhalten. Dann merkt er, daß er auch in Zukunft keine Angst um sein Futter haben muß.

✔ Es ist nicht sinnvoll, dem Hund Leckerbissen anzubieten, die er nicht nehmen darf. Das schadet ihm nur, da es eine sinnlose Gehorsamsübung ist.

Hundeverhalten

Um einen Hund zu verstehen, muß man ein wenig über sein Verhalten Bescheid wissen. Man unterscheidet dabei zwischen einem artgerechten Verhalten, das den Besitzer vielleicht trotzdem stört, und zwischen einem eindeutigen Fehlverhalten. Artgerecht verhält sich der Hund beispielsweise, wenn er sein Futter verteidigt. In der neuen Familie kommt das vor, weil er hier

noch nicht weiß, daß ihm niemand sein Futter wegnimmt. Ein eindeutiges Fehlverhalten wäre dagegen, wenn der Hund wahllos nach Besitzern und anderen Menschen schnappt, auch wenn es dabei nicht zu ernsten Verletzungen kommt. Beide Verhaltensweisen beeinträchtigen das Zusammenleben und sollten durch Verständnis, Geduld und Konsequenz des Halters geändert werden.

Wie verhalten Sie sich richtig?

Viele Hundebesitzer machen den Fehler, sich von ihren Tieren auf der Nase herumtanzen zu lassen, die auf diese Weise zu einer Belastung für die eigene Familie, aber auch für Besucher und fremde Menschen werden. Dieses Verhalten sollte nach Möglichkeit durch konsequente Erziehung und Behandlung vermieden werden,

Ein Nickerchen im Gras bietet Erholung und die Möglichkeit, den Überblick zu bewahren.

denn dem Hund ist es genausowenig zuträglich wie den Menschen und der Hund wird sonst die Probleme nicht dauerhaft ablegen. In Kursen und Hundeschulen können Sie viele Probleme mit Ihrem Hund beseitigen (→ Adressen siehe Seite 62). Einige Hunde sind besonders dickköpfig. Hier muß man dann mit einer längeren Zeit rechnen, bis das Ergebnis zufriedenstellend ist.

Verhaltensprobleme

Bestimmtes Verhalten wird dann zum Problem, wenn es den Menschen stört, wobei es sich dabei nicht immer um ein Fehlverhalten des Hundes handeln muß.

Diese Verhaltensprobleme können das Zusammenleben und die Freundschaft zwischen Mensch und Hund auf eine schwere Probe stellen. Nicht selten enden sie sogar mit der Abgabe des Hundes, was jedoch möglichst vermieden werden sollte, und was für den Hund der denkbar schlechteste Fall ist. Wichtig ist daher auf der einen Seite das Verständnis für den Hund, auf der anderen Seite die Bereitschaft, sich mit den Problemen auseinanderzusetzen und eine Lösung zu suchen (→ siehe Seite 44). Diesen Problemen vorbeugen können Sie, indem Sie den Hund von klein auf konsequent erziehen und auch beim älteren Hund damit nicht aufhören.

Aggressive Hunde

Aggressive Hunde können durch ihr Verhalten zu einer ernsten Gefahr für ihre Umwelt werden. Häufig richtet es sich nur gegen Artgenossen oder andere Tiere, oder der Hund verhält sich nur in bestimmten Situationen oder an bestimmten Plätzen so. Es kommt aber auch vor, daß der Hund Kindern und Erwachsenen aggressiv begegnet. Wenn das passiert, muß es konsequent verboten werden, um ernsthaften Verletzungen vorzubeugen.

Ist der Hund aggressiv zu seinem eigenen Herrn, hat er diesen nicht als Rudelführer anerkannt. Die Rangfolge muß dann unbedingt geklärt werden, indem Sie ihm seine Rechte und Pflichten genau durch bestimmtes Auftreten zeigen. Der Hund wird sonst unberechenbar und gefährlich. Dieses Fehlverhalten kann durch spezielles Hundetraining verändert und verbessert werden. Dazu werden überall bei Hundevereinen oder -schulen hilfreiche Kurse angeboten (→ siehe Adressen Seite 62).

Der schwierige Hund

Wenn Sie einen schwierigen älteren Hund gewählt haben, aber nicht über ausreichende Erfahrungen in der Hundeerziehung verfügen, sollten Sie eine Hundeschule aufsuchen. Vielleicht können Sie auch erst einmal ohne Ihren Hund hingehen und die dort angewandte Methode kennenlernen. Achten Sie hierbei darauf, daß die Erziehungsmethode Ihren Wünschen entspricht, denn der Hund lebt zukünftig bei Ihnen, soll und muß mit Ihnen später gut zurechtkommen.

Beschäftigung

Jeder Hund, auch der Hundesenior, braucht ausreichende Beschäftigung und eine Aufgabe. Nur dann ist er glücklich und zufrieden. Wer seinem Hund das ermöglicht, bietet ihm damit ein glückliches Hundeleben und kann das Verhalten des Hundes nach seinen Wünschen prägen. Langeweile läßt ihn interessenlos werden, fördert aber auch die Verhaltensweisen oder Fehlverhalten, die Sie als Hundebesitzer nicht wünschen.

Beschäftigung ist also für den Hund und für den Hundebesitzer für ein positives Zusammenleben entscheidend. Dazu sollten

Auch ein älterer Hund braucht Erziehung. Interessiert versucht er, die Befehle zu verstehen.

gemeinsame Unternehmungen und Spiele von Mensch und Tier dienen, denn Beschäftigung erfolgt nicht nur mit zusätzlichem Futter. Das Tier ist daraufhin zwar kurzzeitig abgelenkt und ruhiger, wird aber als Folge meist zu dick, denn oft fehlt die entsprechende Bewegung. Als Beschäftigungstherapie ist deshalb ständiges Füttern nicht geeignet. Außerdem ist eine ausgewogene und gute Ernährung die Basis für ein glückliches Hundeleben.

Die Ausbildung des älteren Hundes

Hundesport gehört für viele Menschen zur Freizeitgestaltung. Auch wenn der Hund älter wird, braucht man darauf nicht verzichten, besonders wenn der Hund vom Welpenalter an gewöhnt

Gemeinsam mit dem älteren Hundefreund
macht Sport mehr Spaß.

ist, auf den Hundeplatz zu gehen. Suchen Sie sich einen Verein, der Ihren Vorstellungen von Hundeerziehung entspricht. Bei der Ausbildung müssen Sie lediglich darauf achten, daß die Übungen den vorhandenen gesundheitlichen Problemen und den körperlichen Möglichkeiten angepaßt werden, damit der Hund nicht überlastet wird. Der ältere Hund wird mit viel Freude die Ausbildung gemeinsam mit seinem Herrn genießen. Er ist durchaus auch jetzt noch in der Lage, die geforderten Prüfungen der Ausbildung zu bestehen.

Spielen gehört zur liebsten Beschäftigung eines Hundes und damit auch zu seiner Lebensfreude. Dies ist bei einem älteren Hund nicht anders als bei einem Welpen. Allerdings müssen die Spiele auf die Möglichkeiten des älteren Hundes abgestimmt werden. Bei den meisten Spielen zwischen Mensch und Hund geht es um das Bringen von Dingen oder Kräftemessen. Beim letzteren ist es wichtig, den Hund mindestens die Hälfte der Spiele gewinnen zu lassen, damit der Spaß an der Sache erhalten bleibt.

Das gemeinsame Spiel fördert Vertrauen und Selbstbewußtsein.

Kräftemessen

Dazu brauchen Sie ein festes Stück Stoff, beispielsweise ein Tuch oder einen Sack. Das Tuch bewegen Sie vor der Schnauze des Hundes hin und her, bis er hineinbeißt. Dann ziehen Sie so fest daran, daß der Hund es festhalten kann. Achten Sie dabei auf Zahnprobleme beim Hund! Daraus entsteht ein lustiger Zweikampf, vom Hund meist mit »gefährlichem« Knurren begleitet. Selbstverständlich erbeutet der Hund die Siegestrophäe und ist ein stolzer Sieger. Verwenden Sie zu diesem Spiel nicht die Hundeleine, da diese dabei kaputt gehen kann.

Ringkampf

Ein Ringkampf gehört für viele Hunde zu den schönsten Spielen. Neben dem Spielaspekt besteht hierbei auch ein enger kör-

perlicher Kontakt zu seinem Herrn. Setzen oder legen Sie sich auf den Boden und beginnen Sie mit dem Kampf. Der Hund wird begeistert mitmachen und versuchen, Sie zu besiegen. Diese Kämpfe hinterlassen leider manchmal blaue Flecken beim Besitzer, machen aber großen Spaß. Am Ringkampf können auch weitere Personen oder mehrere Hunde beteiligt werden.

Gegenstände bringen

Dies macht dem Hund viel Spaß. Er lernt dabei, einen entfernt liegenden Gegenstand zu holen. Besonders begabte Hunde lernen, eine Menge verschiedener Dinge zum Teil auch aus anderen Zimmern zu holen. Stecken Sie zuerst dem Tier den Gegenstand in die Schnauze, rufen Sie und motivieren Sie ihn dabei. Wenn er dann zu Ihnen kommt, sollten Sie ihn immer ausführlich loben. Nach einiger Zeit holt er den Gegenstand dann auf Zuruf.

Sachen zum Spielen - allein oder zu zweit.

Stöckchen werfen (apportieren)

Hierzu brauchen Sie ein Stöckchen oder ein Wurfholz, das geworfen wird. Der Hund läuft hinterher und nimmt es in die Schnauze. Nun müssen Sie ihn motivieren, Ihnen das Stöckchen zu bringen und abzuliefern. Einige Hunde brauchen für dieses Spiel etwas Geduld. Wenn sie es erst einmal beherrschen, kann es so ausgebaut werden, daß der Hund auch auf Kommando andere Dinge bringt. Der Hund sollte auf keinen Fall zu einem Spiel mit Steinen aufgefordert werden, denn durch das Kauen auf Steinen nützen sich seine Zähne ab.

Wurfspiele bieten Bewegung und aktivieren natürlich den Suchtrieb Ihres Hundes.

Suchen und finden

Bei Spaziergängen, aber auch im Haus weiß der Hund gerne, wo sein Herrchen ist. Dies kann man sich für ein lustiges Spiel zunutze machen. Wenn der Hund gerade mit anderen Dingen beschäftigt ist, verstecken Sie sich. Rufen Sie den Hund einmal. Er wird überrascht sein und Sie suchen. Die Freude ist groß, wenn er Sie gefunden hat. Mit etwas Geschick wird es Ihnen gelingen, die Rollen zu tauschen. Der Hund versteckt sich und wartet, bis Sie ihn finden. Er freut dabei sich sehr, wenn Sie etwas länger brauchen. Gehen Sie aber auf keinen Fall alleine weg, sonst wird der Hund entweder verzweifelt sein, oder an dem Spaziergang ohne Mensch Gefallen finden. Das Spiel läßt sich auch abwandeln, indem Sie den Hund Dinge suchen lassen. Dies sollten Dinge sein, die er kennt und die Sie ihm zeigen müssen, wenn er das Spiel lernen soll.

Vorlieben nutzen

Viele Spiele können Sie auch noch mit Ihrem älteren Hund üben und erfolgreich spielen. Die schönsten Spiele ergeben sich oft aus dem Verhalten des Hundes. Seine Vorlieben können zu den unterschiedlichsten Spielen verwendet werden. So tragen beispielsweise einige Hunde mit Begeisterung sogar recht große Dinge beim Spazierengehen. Beobachten Sie Ihren Hund genau. Nicht jeder Hund ist

Hunde apportieren für ihr Leben gern.

für alle Spiele gleichermaßen geeignet oder hat Freude daran. Der Hund freut sich, wenn Sie täglich, und auch nur für ein paar Minuten, mit ihm spielen. Bieten Sie Ihrem Hund aber auch Spielsachen an, mit denen er alleine spielen kann, z.B. Bälle, Stofftiere und Kauknochen.

GESUNDHEITSVORSORGE UND KRANKHEITEN

Indem Sie Ihrem Hund eine gute Gesundheitsvorsorge zukommen lassen, können Sie seine Lebenserwartung und -qualität erhöhen. So werden Krankheiten und Beschwerden frühzeitig erkannt und können noch behandelt werden.

Alterssymptome

Mit zunehmendem Alter treten auch bei Hunden - genau wie beim Menschen - Krankheiten und Beschwerden häufiger wie in jungen Jahren auf. Die Leistungsfähigkeit des Körpers läßt nach. Altersbedingte Erkrankungen beeinträchtigen den Gesundheitszustand. Geruchssinn, Augen und Ohren sind oft in ihrer Leistung vermindert. Vielfach entgehen dem Hundebesitzer diese ersten Anzeichen, denn in der gewohnten Umgebung kennt der Hund sich aus, er reagiert wie immer. Die Schwerhörigkeit ist dafür das beste Beispiel, sie wird oft erst sehr spät bemerkt, weil Hunde diese Schwäche ausgezeichnet kompensieren können. Wenn Sie ihn rufen und sich dabei bewegen, kann der Hund die Erschütterung spüren, wird Sie anschauen und weiß dann, daß er zu Ihnen kommen soll. Deshalb fällt Ihnen lange Zeit nicht auf, daß er eigentlich schwerhörig geworden ist.

Genießen Sie trotzdem jeden Tag mit Ihrem älteren Hund, denn auch mit den altersbedingten Krankheiten und Problemen kann der Hund ein glückliches, erfülltes Leben bis ins hohe Alter führen, wenn er genügend Aufmerksamkeit, Pflege und Zuneigung von seinen Menschen bekommt.

Gesundheitsvorsorge

Vorsorgeuntersuchungen sind bei einem älteren Hund besonders wichtig. Viele Krankheiten und Beschwerden können noch gut behandelt oder in ihrer Entwicklung hinausgezögert werden, wenn sie rechtzeitig entdeckt werden.

✔ Kontrollieren Sie deshalb vermehrt den Gesundheitszustand Ihres Hundes (→ Seite 53). Das kann in die normale Pflegeroutine mitaufgenommen werden und für Sie und den Hund selbstverständlich werden. Der Hund ist dann auch bei notwendigen Tierarztbesuchen schon daran gewöhnt, sich untersuchen zu lassen.

✔ Änderungen in den Freß- und Trinkgewohnheiten müssen ebenfalls beachtet werden. Bei Auffälligkeiten sollte ein Tierarzt aufgesucht werden.

✔ Auch das Verhalten eines Hundes gibt Aufschlüsse über mögliche Erkrankungen. Wenn das Tier sich plötzlich vermehrt zurückzieht oder besonders viel Zuwendung verlangt, kann dies ein Hinweis auf eine Erkrankung sein.

Lustig und vergnügt schaut der ältere Hund in die weite Welt.

Auf diese Weise sind Sie immer genau im Bilde, wie es Ihrem Hund geht.

✔ Zusätzlich empfiehlt es sich, regelmäßig einen Tierarzt aufzusuchen und das Tier gründlich untersuchen zu lassen. Zu einer solchen Untersuchung gehört die Überprüfung der Herzfunktionen, das Abtasten des Körpers auf Empfindlichkeiten, Veränderungen oder Tumore, die Kontrolle von Augen, Ohren, After, Geschlechtsorganen und eine Blutuntersuchung. Häufig ist es jedoch nicht möglich, die Krankheiten und Beschwerden zu heilen, sondern nur zu lindern. Dann müssen Sie sich darauf einstellen und die Bedingungen für den Hund so gestalten, daß er möglichst wenig belastet wird und weiterhin sein Leben genießen kann.

Bei Streicheleinheiten können Sie gesundheitliche Probleme rechtzeitig erkennen.

Impfungen

Impfungen sind auch beim älteren Hund ein Muß. Da Hunde beim Spaziergang direkten oder indirekten Kontakt zu anderen Tieren haben, ist ein ausreichender Impfschutz genauso wichtig wie beim jungen Hund. Krankheiten aufgrund eines fehlenden Impfschutzes sind unnötig. Sie quälen das Tier und es entstehen hohe Tierarztkosten. Wenn der Hund mit ins Ausland genommen werden soll, ist auf jeden Fall eine Impfung gemäß den Einreisebestimmungen des jeweiligen Landes erforderlich. Informieren Sie sich bei der Urlaubsplanung und vor der Einreise rechtzeitig darüber, welche Impfungen wie lange vorher gemacht werden müssen.

Geburtenkontrolle für ältere Hunde

Hunde können bis ins hohe Alter Nachwuchs bekommen, ältere Hündinnen werden allerdings dabei besonders stark durch die Trächtigkeit, Geburt und Aufzucht belastet. Sie können dadurch sogar in Lebensgefahr geraten, und der meist ungewollte Nachwuchs benötigt dann noch ein neues, gutes Zuhause, was meist gar nicht so einfach zu finden ist. Eine Hündin, die noch nie Welpen hatte, sollte ab etwa sieben bis acht Jahren keinesfalls mehr Junge bekommen. Deshalb ist bei älteren Hündinnen eine Geburtenkontrolle besonders wichtig und eigentlich sehr einfach durchzuführen:

✔ Während der Läufigkeit wird sie an der Leine geführt und der Kontakt zu Rüden vermieden.

✔ Wenn Ihnen dies nicht möglich ist, gibt es vorbeugende Spritzen, die die Läufigkeit verhindern sowie »die Spritze danach«, die gleich nach einer ungewollten Deckung eingesetzt wird und die eine Abstoßreaktion auslöst. In beiden Fällen besteht jedoch die Möglichkeit einer Gebärmutterentzündung.

✔ Kastration bei Hündinnen kann heute schon in jungen Jahren erfolgen. So erreichen Sie eine sichere, problemlose Geburtenkontrolle und zusätzlich dient es auch zur Gesundheitsprophylaxe. Bei großen Rassen kann es passieren, daß die Hündin unkontrolliert Harn läßt. Die Hündinnen verlieren dann zeitweise oder ständig tropfenweise oder in größeren Mengen Harn. Durch Hormone kann das behandelt werden. Wählen Sie deshalb für die Kastration einen Tierarzt aus, der auf dem Gebiet große Erfahrung hat und sprechen Sie ihn vor der Operation auf das Problem an.

Checkliste
Gesundheitskontrolle

1 Kontrollieren Sie 1x wöchentlich Ohren, Augen und Nase auf Verschmutzungen oder Ausfluß.

2 Haut und Fell werden wöchentlich auf Flecken, Verfärbungen, Geschwüre, Schuppen oder ähnliches untersucht.

3 Magen und Darm werden mindestens 2x wöchentlich durch Kontrolle des Kots beobachtet. Auch Erbrechen kann ein Hinweis auf eine Erkrankung sein.

4 Achten Sie täglich auf die Trinkgewohnheiten und den vermehrten oder verminderten Harnabsatz, um Nieren- und Harnwegserkrankungen auszuschließen.

5 Atmung, Herz- und Kreislauf lassen sich problemlos täglich durch Blickkontrolle und beim Streicheln überwachen. Blasse Schleimhäute im Maul und an den Augen weisen auf Kreislaufprobleme hin.

6 Der Körper des Hundes wird wöchentlich durch Abtasten auf Veränderungen und Berührungsschmerzen kontrolliert.

Krankheiten erkennen

Verhalten und Symptome	Mögliche Erkrankungen
Durchfall, Erbrechen, Apathie, Appetitlosigkeit, Verstopfung, Abmagerung	Infektion, Vergiftung, Magen- Darmerkrankung, Krebs
Ekel vor dem Futter, Erbrechen, Appetitlosigkeit, Angst, schuppige Haut, Veränderungen beim Harnlassen	Nierenerkrankung, Harnwegserkrankung, Lebererkrankung
Probleme beim Aufstehen, Lähmungserscheinungen	Hüftgelenksdysplasie (HD), Verletzungen, Rheuma, Arthrose
Keine Reaktion auf Befehle, Apathie, weniger Anteilnahme an der Umgebung	Taubheit, Erkrankung der Ohren
Reagiert nicht auf Zeichen, spielt nicht, bewegt sich nur vorsichtig, sucht Halt an Gegenständen	Sehschwäche, Erblindung
Atemprobleme, Konditionsprobleme, nächtliche Unruhe	Herz-/Kreislauferkrankungen, Schwäche, Infektionskrankheiten, Krebs
Mundgeruch	Zahnprobleme, Nierenerkrankungen, Magenerkrankungen

Wenn es nun doch passiert ist und die Trächtigkeit für einen Abbruch bereits zu weit fortgeschritten ist, sollten Sie Ihre Hündin sorgfältig beobachten und dem Tierarzt vorstellen, der durch eine Untersuchung mögliche Probleme feststellen kann. Die Ernährung sollte während der Trächtigkeit besonders auf den körperlichen Zustand der Hündin abgestimmt werden, damit keine Schwäche oder Mangelerscheinungen auftreten.

✔ Für den Besitzer eines Rüden ist die Geburtenkontrolle im Prinzip kein Problem. Aber ein verantwortungsbewußter Hundebesitzer wird sowieso dafür sorgen, daß sein Rüde nicht wahllos Hündinnen deckt und so zur Vermehrung der oft ungewünschten Mischlingswelpen beiträgt. Für Rüden, die nicht zur Zucht eingesetzt werden sollen, empfiehlt sich deshalb eine Kastration. Sie wird am besten durchgeführt, wenn der Rüde ausgewachsen und etwa ein Jahr alt ist. Aber auch später kann sie noch ohne Probleme vorgenommen werden. Neben der Geburtenkontrolle hat die Kastration des Rüden eine vorteilhafte Verhaltensänderung zur Folge: er wird häuslicher und anhänglicher. Bei einigen Tieren tritt nach der Kastration eine Zunahme des Gewichtes auf, weil das Tier mehr Appetit hat und die Nahrung besser verwertet. Häufig ist aber auch eine Veranlagung des Tieres die Ursache. Sie sollten aber auf jeden Fall die weitere Ernährung und Bewegung entsprechend abstimmen.

Alterserscheinungen

Zu den häufigsten Erkrankungen des älteren Hundes zählen Abnutzungserscheinungen an Knochen und Gelenken, an inneren Organen oder allgemein eine verminderte Leistungsfähigkeit. Bei Knochen und Gelenken ist die Belastbarkeit bei Spaziergängen und beim Sport eingeschränkt. Der Hund muß seinem Gesundheitszustand entsprechend Bewegung erhalten, dadurch bleibt er weiterhin aktiv. Viele Probleme können durch eine gute Entwicklung der Muskeln kompensiert werden. Die Muskeln sollten bereits in jungen Jahren trainiert werden, damit sie auch im Alter leistungsfähig sind. Durch ausreichende Bewegung und gesunde, ausgewogene Ernährung (→ siehe Seite 30) kann der Abbau der Muskelmasse auch deutlich hinausgezögert werden. Auf alle Fälle sollten Sie Ihren älteren Hund immer aufmerksam beobachten, damit Sie Veränderungen so früh wie möglich feststellen und entsprechende Maßnahmen ergreifen können.

Krankheiten der inneren Organe

Diese Erkrankungen sind nicht immer leicht zu erkennen. Vielfach treten deutliche Symptome erst dann auf, wenn die Schädigungen bereits zu groß sind, um dem Tier noch zu helfen.

✔ Hinweise auf Leber- und Nierenerkrankungen können vermehrter Durst, Appetitlosigkeit, Erbrechen, Ekel vor dem Futter, schuppige Haut, gelbe Augen (eventuell

auch ein Hinweis auf eine Lebererkrankung oder Gelbsucht) sein. Im Anfangsstadium kann oft mit einer Behandlung und einer Diät, die Sie mit Ihrem Tierarzt abstimmen sollten, die Funktionsfähigkeit der Organe erhalten oder wiederhergestellt werden.

✔ Magen- Darmerkrankungen sind anhand von Kot und Urin meist gut erkennbar. Aber auch ein verändertes Freßverhalten kann hierfür ein Hinweis sein.

Hormonerkrankungen

Hormonelle Erkrankungen bei älteren Hunden werden häufig relativ spät erkannt, da die Symptome sehr verschieden sein können. Hinweise auf einen gestörten Hormonhaushalt sind Apathie, Haarausfall mit kahlen Stellen, Gewichtszunahme und Mattigkeit. Hier müssen auf jeden Fall Blutuntersuchungen vorgenommen werden. Die Geschlechtsorgane sollten ebenfalls regelmäßig untersucht werden, weil sich hier auch der Hormonhaushalt verändert.

Nicht immer sind Trächtigkeit und Aufzucht der Welpen bei der älteren Hündin problemlos.

Krebs

Immer häufiger wird heute besonders bei älteren Hunden Krebs diagnostiziert. Diese Erkrankung wird oft zu spät festgestellt, so daß für den Hund keine Heilung mehr möglich ist. Für den Besitzer ist er leider nur sehr schwer zu erkennen. Wenn Veränderungen oder Verdickungen am Körper auftreten, können diese teilweise durch Abtasten beim Streicheln festgestellt werden. Bemerken Sie solche Veränderungen, konsultieren Sie am besten möglichst schnell Ihren Tierarzt. Er wird die sinnvolle Behandlung mit Ihnen absprechen. Heute können auch bei Hunden durch Ultraschalluntersuchungen oder Röntgenaufnahmen Krebserkrankungen oft noch so früh erkannt werden, daß eine lebensrettende Operation vorgenommen werden kann.

Arthrose

Besonders bei Hunden, die bei jedem Wetter im Freien sind, können im Alter Arthrosen an Gelenken als Abnutzungserscheinungen auftreten. Der Hund hat dann Mühe beim Aufstehen und bewegt sich langsamer. Die Unterbringung sollte dann geändert und der Hund in Zukunft vor Kälte und Zugluft geschützt werden. Die Schmerzen müssen in der Regel mit Medikamenten behandelt werden. Im Akutfall hilft auch Rotlicht. Rheuma kommt nur selten vor.

Der letzte Weg

Nicht jedes Tier schläft in hohem Alter friedlich ein. Oft steht dem Hund erst eine lange Leidenszeit durch Krankheit bevor. Deshalb kommt für fast jeden Tierbesitzer - unabhängig ob er sich nun für einen jungen oder einen älteren Hund entschieden hat - die wohl schwerste Entscheidung im Zusammenleben mit seinem Tier: wann ist der richtige Moment, das alte, kranke Tier von seinen Leiden zu erlösen? Wenn Schmerzen und körperliche Gebrechen überhand nehmen, empfindet das Tier irgendwann keine Lebensfreude mehr. Dann sollte die Entscheidung zusammen mit einem Tierarzt Ihres Vertrauens getroffen werden. Er kann beurteilen, ob noch einmal eine Besserung auftreten kann, ob nicht mehr zu helfen ist und ob das Tier wirklich leidet. Der verantwortungsbewußte Tierbesitzer wird dem geliebten Tier den letzten Dienst nicht verweigern und es rechtzeitig von seinen Leiden erlösen lassen. Dies heißt natürlich nicht, daß man sich schnell und problemlos von seinem Tier trennen sollte, wenn es

In der freien Natur findet der Hund viele interessante Dinge, die zum Spiel einladen.

alt wird. Wenn nur die auftretenden Probleme lästig werden, ist das kein ausreichender Grund. Auch sollte man den älteren Hund nicht einfach in ein Tierheim abschieben. Die Verantwortung für ein Lebewesen erlischt nicht, sobald Schwierigkeiten auftreten.

Haben Sie sich dann dazu entschlossen, das Tier einschläfern zu lassen, ist der letzte Weg weniger schlimm, wenn Sie sich als Tierbesitzer möglichst normal verhalten. Ihre Nervosität überträgt sich nämlich auch auf das Tier und vergrößert nur seine Angst. Wenn Sie nicht die Kraft dazu haben, sollten Sie alles so vorbereiten, daß eine andere, ihm vertraute Person es für Sie übernimmt. Der Hund sollte so wenig wie möglich gestreßt werden. Vielleicht kann ja sogar der Tierarzt ins Haus kommen, um das Tier einzuschläfern.

Für viele Tierhalter stellt sich dann die Frage, was nun mit dem Tier geschehen soll. In vielen Städten gibt es heute schon Tierfriedhöfe. Erkundigen Sie sich frühzeitig nach den Möglichkeiten und den Preisen, damit Sie im Ernstfall wissen, wo Sie schnell Hilfe finden.

Hundehalter mit eigenem Garten finden meist hier einen Platz, wo das Tier in der gesetzlich vorgeschriebenen Tiefe (mindestens 50 cm) begraben werden kann.

Krankenpflege erleichtert dem Hund die Zeit der Erkrankung und fördert dadurch die Heilung. Sie soll die Therapie durch den Tierarzt sinnvoll unterstützen.

Eine gute sorgfältige Krankenpflege unterstützt und ergänzt die Therapie des Tierarztes und macht oft die Gesundung erst möglich. Die einzelnen Maßnahmen sind natürlich maßgeblich von der Krankheit des Tieres abhängig und müssen darauf abgestimmt werden. Aber einige pflegerische Grundlagen sind fast immer angebracht. Um einen älteren Hund im Krankheitsfall optimal zu pflegen, sollten Sie diese beachten:

✔ Ein sauberes Lager an einem vom Hund gewählten Platz ist Grundvoraussetzung für eine Gesundung. Das Tier zeigt Ihnen diesen Platz, indem es sich dorthin zurückzieht. Einige Hunde bevorzugen dabei Ruhe und wenig Ansprache, andere wiederum legen sich mitten ins Zimmer, um auch alles in der Familie mitzubekommen.

✔ Der ältere Hund muß besonders im Krankheitsfall ausreichend beachtet werden. Er braucht jetzt Ihre volle Liebe und Zuwendung. Streicheleinheiten geben Lebensfreude und lassen das Tier spüren, daß Sie an seine Genesung glauben. In der gewohnten Umgebung mit den geliebten Menschen wird der Hund eher den Lebenswillen behalten und sich nicht aufgeben.

Manche kranke Hunde wollen auch in dieser Zeit bei der Familie sein.

Ihre Mühe wird Ihnen Ihr Hund mit viel Liebe und Zufriedenheit lohnen.

✔ Ein Aufenthalt in einer Tierklinik ist zwar nicht immer zu vermeiden, sollte aber so kurz wie möglich gehalten werden. Ob Sie den Hund in der Tierklinik besuchen, liegt an Ihnen und Ihrem Hund. Einige Tiere freuen sich über den Besuch, andere Tiere empfinden die Trennung dann nur noch schlimmer.

Zur Pflege gehört auch die Ernährung.
Halten Sie sich dabei an die Anweisungen des Arztes und die Vorlieben des Hundes. Oft können Sie in einem Gespräch auch mit eigenen Erfahrungen oder denen anderer Hundebesitzer beitragen. Unter Beachtung eventueller Diät-

Ausgewogene Nahrung aus Gemüse, Getreide und Fleisch.

Die Verabreichung von Medikamenten ist bei einigen Tieren sehr schwierig, eine regelmäßige Aufnahme aber notwendig, um richtig wirken zu können. Häufig hilft es, die Medikamente im Futter oder in Flüssigkeit (Fleisch- oder Fischbrühe) zu verstecken. Der Hund wird dadurch nicht gequält. Manchmal wird es auch unerläßlich sein, die Medikamente zwangsweise einzugeben.

✔ Bei der Tabletteneingabe nehmen Sie den Kopf des Hundes so, daß Sie ihn leicht zurückdrücken können. Dann halten Sie mit der einen Hand den Oberkiefer des Tieres fest und ziehen ihn noch etwas zurück. Mit der anderen Hand öffnen Sie nun die Schnauze, indem Sie den Unterkiefer hinunterdrücken und geben mit

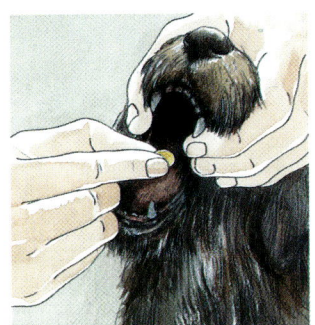

Stecken Sie die Tablette möglichst tief in den Rachen, damit sie nicht ausgespuckt wird.

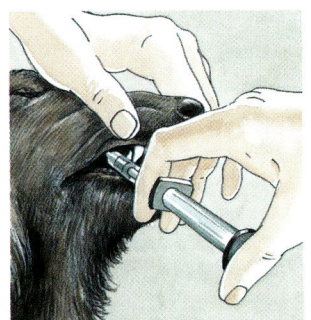

Stecken Sie die Spritze zwischen die Zähne. So gelangt der Inhalt in den Rachenraum.

dieser Hand die Tablette tief in den Rachen. Nun lösen Sie den Schluckreflex aus, indem Sie mit der Hand den Hals des Hundes streicheln und dabei den Kopf etwas zurückdrücken. Bei Tabletten empfiehlt es sich, anschließend den Rachenraum und die Umgebung zu kontrollieren, damit die Tablette später nicht unbemerkt ausgespuckt wird.

✔ Flüssigkeiten werden verabreicht, indem sie in eine Spritze ohne Nadel gegeben werden. Diese wird dem Tier seitlich zwischen die Zähne einige Millimeter in Richtung Rachenraum eingeführt. Die Menge wird dabei so bemessen, daß der Hund sie gut schlucken kann. Lösen Sie dann den Schluckreflex wie bei der Tablettengabe beschrieben aus.

vorschriften sollten Sie Ihrem Hund alle Dinge anbieten, die ihm möglicherweise schmecken könnten (→ siehe Seite 32). Manchmal erlebt man in diesem Zusammenhang die größten Überraschungen; so fressen einige Hunde dann gerne Katzenfutter, gekochten Fisch, gekochte Eier oder Trockenfutter. Es kann plötzlich Futter bevorzugt werden, das bisher immer abgelehnt wurde. Leidet das Tier unter Übelkeit oder Abneigung gegen Nahrung, sollten Sie mehrfach täglich Futter anbieten, dieses aber nur etwa eine halbe Stunde stehenlassen. Dann wird es

entfernt. So ist der Hund nicht ständig durch den Geruch der Nahrungsmittel belastet. Frisch zubereitetes, neu gereichtes Futter regt eher den Appetit an. Wenn das Tier die Nahrung verweigert, ist Ihr Ideenreichtum gefragt und Sie müssen auf Tricks wie bei Kleinkindern zurückgreifen, um ihn irgendwie zum Fressen zu bewegen. Die viele Mühe während der Pflege zahlt sich durch das schnellere Gesundwerden des Hundes aus und Sie werden anschließend mit einer noch engeren Beziehung zu ihm und seinem vollsten Vertrauen in Sie belohnt.

Die halbfett gesetzten Seitenzahlen verweisen auf Farbfotos und Zeichnungen.

*Gerade der ältere
Hund besitzt
Interesse an
seiner Umwelt
und ein
gefestigtes
Wesen.*

Adressen, die weiterhelfen

• Fédération Cynologique Internationale (FCI), 13 Place Albert I, B- 6530 Thuin/Belgien

• Verband für das Deutsche Hundewesen e.V. (VDH), Postfach 104 154, 44041 Dortmund

• Österreichischer Kynologenverband (ÖKV), Johann-Teufel-Gasse 8, A- 1238 Wien

• Schweizerische Kynologische Gesellschaft (SKG/SCS), Länggaßstr. 8, CH- 3001 Bern

Anschriften von Hundeclubs und -vereinen können Sie auch bei den vorgenannten Verbänden erfragen.

Deutscher Tierschutzbund e.V., Baumschulallee 15 53115 Bonn

Fragen zur Hundehaltung beantworten

Ihr Zoofachhändler oder der Zentralverband Zoologischer Fachbetriebe Deutschlands e.V. D-63225 Langen (nur telefonische Auskunft möglich), Tel. 06103/910732.

Haftpflichtversicherung

Fast alle Versicherungen bieten auch Haftpflichtversicherungen für Hunde an.

Krankenversicherung

Uelzener Allgemeine Versicherungsgesellschaft AG, Postfach 2163, D-29511 Uelzen.

AGILA Haustierkrankenversicherung AG, Breite Str. 6-8, 30159 Hannover

Adressen von Tierfriedhöfen

erhalten Sie über den Tierarzt oder die Tierschutzvereine.

Registrierung von Hunden

Haustier-Zentralregister für die BRD e.V. TASSO, Postfach 1423, 65783 Hattersheim, Tel. 06190/4088

IFTA, Internationale Zentrale Tierregistrierung, Weiherstr. 8, 88145 Hergatz, Tel. 0180/521 34 02

Wer seinen Hund vor Tierfängern und dem Tod im Versuchslabor schützen will, kann ihn hier registrieren lassen.

Bücher, die weiterhelfen

(Falls nicht im Buchhandel, dann in Bibliotheken erhältlich)

• Feddersen-Petersen, Dorit: Hundepsychologie. Franckh-Kosmos, Stuttgart.

• Hallgren, A.: Hundeprobleme - Problemhunde. Oertel + Spörer, Reutlingen.

• Kraft, W. (Hrsg.): Geriatrie bei Hund und Katze, Blackwell Wissenschafts-Verlag, Berlin.

• Ludwig, G.: Mit dem Hund spielen und trainieren. Gräfe und Unzer Verlag, München

• Stein, P.: NaturheilPraxis Hunde. Gräfe und Unzer Verlag, München

• Streitferdt, U.: Mein kranker Hund. Gräfe und Unzer Verlag, München

• Weidt, H.: Der Hund, mit dem wir leben: Wesen und Verhalten. Parey Verlag, Berlin.

Zeitschriften und Broschüren

• *Der Hund*, Deutscher Bauernverlag GmbH, Brunnenstr. 128, 13355 Berlin

• *Unser Rassehund*, Herausgegeben vom Verband für das Deutsche Hundewesen e.V., Postfach 104 154, 44041 Dortmund

• *DAS TIER*, Egmont Ehapa Verlag, Im Riedenberg 54, 70771 Leinfelden-Echterdingen

Die Autorin

Linda Waniorek hält seit vielen Jahren Hunde und weiß aus eigener Erfahrung über das Thema bestens Bescheid. Seit über 15 Jahren engagiert sie sich stark für den Tierschutz und vermittelt älteren Hunden und Katzen ein neues Zuhause.

Die Fotografen

Cogis/Francais: Seite 16, 46; Cogis/Hermeline: Seite 22, 32, 55; Cogis/Labat: Seite 8, 33, 61; Cogis/Lanceau: Seite 19 re. 20, 31, 45; Cogis/Nicais: Seite 7, 9; Cogis/Rocher: Seite 41 li.u.; Juniors/Botzek: Seite 36; Juniors/Botzenhard: Seite 19 li.u.; Juniors/Köpfle: Seite 26; Juniors/Liebold: Seite 21; Juniors/Schanz: Seite 30, 38, 41 li.o.; Juniors/Steimer: Seite 12, 15, 18 u., 27, 37, 40 re.o., 53; Juniors/Wegler: Seite 19 o., 25, U4; Juniors/Wegner: Seite 24 (kleines Foto); Reinhard, Hans: Seite 40 li.o., re.u.; Reinhard, Nils: Seite 10; Schanz: Seite U1 (kleines Foto), 41 re. o., mi., 43; Steimer: Seite 6, 11, 17, 23, 24 (großes Foto), 39, 40 li.u., 47, 50, 51, 52, 64/U3; Wegler: Seite U1 (großes Foto), U2, 2/3, 4/5, 18 o., 28, 41 re.u., 42, 57.

Der Zeichner

György Jankovics ist ausgebildeter Grafiker und studierte an den Kunstakademien von Budapest und Hamburg.

Wichtige Hinweise

Wer einen erwachsenen Hund zu sich nimmt, muß sich bewußt sein, daß dieser bereits wesentliche Prägungen durch den Menschen erfahren hat.

Auch bei gut erzogenen Hunden besteht die Möglichkeit, daß sie Schäden an fremdem Eigentum anrichten oder gar Unfälle verursachen. Der Abschluß einer Hundehaftpflicht-Versicherung ist in jedem Fall zu empfehlen.

Lassen Sie bei Ihrem Hund auch alle notwendigen Schutzimpfungen und Entwurmungen durchführen, da sonst eine erhebliche gesundheitliche Gefährdung von Mensch und Tier möglich ist. Zeigen sich bei Ihrem Hund Krankheitsanzeichen (→ Seite 54), sollten Sie unbedingt einen Tierarzt zu Rate ziehen. Gehen Sie im Zweifelsfall auch selbst zum Arzt, wenn Sie von Ihrem Hund gebissen wurden. Es gibt Menschen, die allergisch auf Tierhaare reagieren. Wenn Sie sich nicht sicher sind, fragen Sie Ihren Arzt vor der Anschaffung.

An unsere Leserinnen und Leser

Wir freuen uns, Ihre Meinung zu diesem Tier-Ratgeber zu erfahren. Bitte schreiben Sie uns, wenn Sie Berichtigungen und Ergänzungsvorschläge haben oder wenn Ihnen etwas besonders gut gefällt.

Gräfe und Unzer Verlag
Redaktion Natur
Stichwort:
TierRatgeber
Postfach 86 03 66
D-81630 München

Er zeichnet für eine Reihe angesehener Verlage Tier- und Pflanzenmotive. Für die GU Redaktion Natur hat er bereits viele Titel illustriert.

Dank

Der Verlag dankt Herrn Dr. Uwe Streitferdt, Facharzt für Kleintiere in München für die kritische Durchsicht der Kapitel Gesundheitsvorsorge und Ernährung.

Fotos: Buchumschlag und Innenteil

Umschlagvorderseite: Mischlingsrüde »Rolli«, zehn Jahre alt (großes Foto), älterer Hund mit Ball (kleines Foto).

Umschlagrückseite: 15-jähriger Mischlingsrüde auf einer Decke. Seite 1: Hundebegegnung von Eurasier mit fünf Monate altem Mischling. Seite 2/3: Monika mit dem zehn Jahre altem Mischlingsrüden »Rollie«. Seite 4/5: Drahthaarhündin liegend. Seite 64: Schwimmender Hund.

Impressum

© 1999 Gräfe und Unzer Verlag GmbH, München. Alle Rechte vorbehalten. Nachdruck, auch auszugsweise, sowie Verbreitung durch Film, Funk und Fernsehen, durch fotomechanische Wiedergabe, Tonträger und Datenverarbeitungssysteme jeder Art nur mit schriftlicher Genehmigung des Verlages.

Redaktion: Anita Zellner
Lektorat: Sabine Schulz
Umschlaggestaltung und Layout:
Heinz Kraxenberger
Zeichnungen:
György Jankovics
Herstellung: Heide Blut/Gabriele Ismaier
Satz: Heide Blut
Reproduktion:
Penta Repro
Druck und Bindung:
Stürtz

ISBN 3-7742-3707-7

Auflage 4. 3. 2. 1.
Jahr   02 01 2000 99

1 Kann ich einen älteren Hund aufnehmen oder ist ein Welpe besser?

Dies richtet sich in erster Linie nach Ihren Wünschen und Lebensbedingungen. Der ältere Hund kann sich selbstverständlich an Sie und Ihr Leben gewöhnen.

2 Braucht mein älterer Hund besondere Pflege?

Der Bedarf an Pflege richtet sich nach seinem Gesundheitszustand, in der Regel ist kein größerer Pflegeaufwand erforderlich. Ein älterer Hund beansprucht meistens weniger Zeit, weil sein Ruhebedürfnis größer wird.

3 Kann ich den älteren Hund noch an Kinder oder andere Tiere gewöhnen?

Selbstverständlich. Mit etwas Geduld und Fingerspitzengefühl gewöhnt sich auch ein älterer Hund an Kinder und Tiere. Wählen Sie trotzdem ein Tier aus, das diesen Kontakt bereits hatte, es erleichtert die Eingewöhnung.

4 Kann ich einen älteren Hund noch erziehen?

Auf jeden Fall. Mit Liebe, Lob und Konsequenz läßt sich auch ein älterer Hund erziehen und viele Unarten abgewöhnen.

5 Benötigt ein älterer Hund eine besondere Ernährung?

Meistens ist die gewohnte Ernährung ausreichend. Nur wenn er geschwächt oder krank ist, empfiehlt sich eine aufbauende Zusatznahrung. Die Ernährung sollte aber auf jeden Fall magenschonend und auf seinen Bedarf abgestimmt sein.

Die Expertin gibt Antwort auf die 10 häufigsten Fragen zur Hunde-Haltung.